U0035879

AQUARIUS

AQUARIUS

AQUARIUS

AQUARIUS

後青春 Restart

後青春，更超越青春。
從心理、健康、照護，到尊嚴的告別，
我們重新啟動一個美好的人生後半場。

【臨床心理專家】
亞歷山大・李維醫師
Alexander Levy ｜著 洪明月｜譯
成年
The Orphaned Adult
孤兒

推薦序——

難以躲避的失喪

蘇絢慧（諮商心理師／作家）

台灣對於心理相關的專業人士總有一個迷思，覺得身為一個心理專業者，應該就是個完美強大的人，沒有情緒、沒有困惑，不需要調適，也不需要經歷任何「凡夫俗子」該經歷的生命困頓及調適歷程。

這種將心理專業者「神格化」或「上師化」的誤解，給予心理專業者莫名的期待和想像，剝奪了心理專業者可以具有的人性及經驗真實生活的空間。若心理專

成年孤兒

The Orphaned Adult

業者內在的自我支持度不足，或是也想像自己為完美及強大的形象，那恐怕也將迷失，迴避了生命該有的真實體驗和歷程。沒有體驗和歷程，何來對人生的轉化和歷練？又何來對生命受苦的同理及涵納？

在我認為，心理專業者是比任何其他人都更為誠實的人；誠實地面對自己的內在歷程，誠實地坦承脆弱及有限，誠實地經驗真實情感的波動起伏。即使這些部分是外在世界尚無能力面對與理解的，但為了對人類的生活經驗有更深層探索與理解，心理專業者勇於去感受和經驗，也勇於去探索及發現。

《成年孤兒》的作者是一位醫師，從事臨床心理治療已逾四十年。在親身喪失至親之後，處在哀痛中難以脫離，親自寫下了這本喪慟之書。即使是一名有豐富臨床診療經驗的醫師，也無可迴避地必須面對生命的悲、歡、離、合，也需要去體會生命裡那些痛徹心扉的生離和死別。

關於喪親的體會，極其難受，對於一般人，任誰都想逃避或閃過。對於任何心理或具權威的專業者來說，只要躲進權威形象裡，或是讓一個智識說法合理化，我

推薦序

難以躲避的失喪

們就可以壓抑住那些感受，並且避免經歷。特別是成年的喪親者，更是被社會期待與要求成為一個堅強、冷靜、快速經歷失喪歷程的人，彷彿這種事和吃飯、睡覺一樣，不應該有什麼太多感覺或太長的反應。

所以，成年的遭喪者，必須壓抑自己內在的真實感受，暗自哀悼。如果無法坦然接納自己哀悼的人，只能躲藏在黑暗角落裡，獨自舔傷，又痛惡自己的脆弱，加以無情地，如同外在人們的對待一樣，冷言冷語。

這本書讓我們可以更懂得尊重成年的失喪之痛，也更深入地了解這獨特的痛。同時，我想這本書可以是一份提醒，關於生命「難以躲避的失喪」。

不能否認的，如今的家庭，有越來越多獨生子女存在。許多孩子在沒有任何手足的情況，誕生在這世界。父母親成為他在世上，生活安頓的保障者，也成為內在情感的重要支持者。如果時序如預料中的進行，這名獨生子女將隨著生命歲月增長，逐步地、逐漸地，承受及經歷自己父母親的老邁及死亡。痛失雙親，成為在世的孤兒，將會是生命裡無可避免的經歷。對於核心的家庭結構而言，失去雙親，就猶如失去了此生最重要的安全堡壘。即使是成年人了，對生活的影響性及破壞性，

成年孤兒

The Orphaned Adult

可能像是推倒骨牌一樣，難以阻擋與終止。

在我的心理諮商職涯中，也曾陪伴過痛失雙親的成人，他們的悲痛，往往不見得是親密伴侶、親人朋友、同事長官可以了解及容許的。我們的文化對於哀傷體驗，有太多堅硬而難以鬆動的批評看法及誤解，以致很困難理解失喪所引發的悲痛感受及反應。這不僅在個體調適失喪的哀悼過程，造成許多阻礙和傷害，對整體社會而言，友善容許哀傷歷程的環境（空間），也尚未有顯著改善。

此本《成年孤兒》能讓我們對於成年失去雙親的哀傷，有更多寬厚的理解和接納，畢竟，失去雙親之後，「社會」將成為他最重要的支持者及接觸者。社會若能涵納及支持成年喪親者有哀傷權利經驗完成自己的哀悼，那麼，從哀傷歷程中，好好地告別所愛的雙親，正是宣告自己要以勇氣，獨自擔負自己生命責任的決定。

而此生與雙親有關的種種親情記憶，不是成為自己已然孤立、無援、悲慘的「被拋棄」提醒，而是在哀傷轉化後，讓這些記憶，成為我們內在，最不輕易消失的愛及領悟，陪伴我們繼續完成屬於自己的人生。

前言——
生命是無盡的感謝

在我摯愛的父母過世後，我開始有一種想法——應該要有人將這種經歷寫成一本書，我甚至相信，我自己就是那個應該寫這本書的人。

於是，我開始與失去雙親的人們交談，到圖書館裡做了一些研究、整理筆記，並且開始撰寫這類的文章到處發表。然而，我始終都沒有真的準備好要把這些寫成一本書。

在此期間，我了解到，深信某個信念，並不見得一定能夠付諸實現。直到遇見了出版經紀人柯琳．莫西蒂之後，這個念頭才有了改變，她非常重視這個想法並極力促成，經由她的引薦，我認識了柏修斯書店的資深編輯瑪尼．柯蘭，因而有了本書的誕生。瑪尼極為支持這本書。

身兼好友、作家夥伴及妻子的珍妮，也成了我的良師。每當我完成一個段落，她都會仔細閱讀，並耐心地指出我下筆的迷思，或我不願碰觸而逃避的某個主題。她不斷地引導我，以期能達到和她的作品相同的水準，畢竟寫作不僅需要文情並茂，更要保有真實性。本書多虧有她的協助。

自始至終，我都擁有全家人的支持，特別要感謝我的孩子艾美和彼得，他們是多麼懂事的年輕人，竟然願意忍受父親討論並撰寫他們極不願聽到或想到的可怕話題！這對他們來說，實在是太令人畏懼的負擔了。

在我請《詩人與作者》和《作者的旅程》雜誌的讀者們，就「失去雙親」這個主題，以詩文或其他方式發表感想時，有一百五十位回應，最後我們由眾多投稿中，選出了一些具代表性的作品。這些情感的迴響，在本書中以詩句的形式表現了出來。

前言

生命是無盡的感謝

而最後，我想要說的是，若不是我的朋友、同事與患者們慷慨分享自己的故事，也不會有這本書的誕生，謝謝你們。

目錄

致　失去妻子的爸爸們

如果現在是一九四二年，
他會希望你仍然是他的女兒，
待在無色彩的房間裡，
沿著陰暗的樓梯緩慢踱下，
與他同坐在沙發上，凝視著這片寧靜。

你開口說：爸爸，別難過。
你想給他這個世界，
告訴他情況並沒有那麼糟，
房間裡有好東西吃，有音樂聽，
也可以看些娛樂節目，
雖然都是些哀傷且過時的節目。

但是他卻說：不用了，謝謝你，

不用給我這個世界。
他每天做同樣的事：
拿報紙，餵貓，
抱怨同樣折騰過你媽媽的腳踝龜裂，
他也每天邊看夜間新聞邊吃晚餐。

你寄給他英國茶和挪威餅乾，
可是當你回家過聖誕節時，
卻發現它們原封不動地放在儲物櫃裡，
而他則靦腆地說，
因為我想留給你。

等到他過世了，
你兩手空空地站在那裡，
你的過去被徹底抹去了，
而那隻貓，還等著你去餵。

——珍娜・麥肯，德州大學城

成年孤兒
The Orphaned Adult

第一章

我不再是誰的小孩了
——失親之後，陪自己走過悲傷旅程

回憶的所在

每年的春季和秋季，我都會在父母的忌日當天，前往城鎮另一端的墓園悼念他們。一如以往，我跪在他們安息的墓碑旁，迎著周圍長出的小草和花朵。這片園地四周環繞著圍籬，不及一坪的空間裡，滋生了一些雜草和由鄰近樹木吹飄過來的落葉，還有一些待清理的泥塊。我徒手整理墓園，嗅聞泥土的芳香，感受著手指與膝蓋間的溼潤土地，不時聽到墓園外川流不息的車潮聲。放眼望去，山腰上盡是石頭墓碑。

我並不是來這裡做園藝的，也不是來探視父母，因為他們已經不在這裡了。事實上，他們根本再也不存在於這世上的任何地方。也許正因如此，我才來到此處，因為這裡跟我一樣，沿襲著他們的姓名。這個地方，是我用來回憶的所在。我會在此坐上好一會兒，試著回想一些事情，特別是思考著成為一個「成年孤兒」的獨特經歷。

父親

父親過世那天，只有一段清晰的記憶深印在我腦海中，就像是一幅黑白快照。照片中的我站在我的車子旁邊，盯著離開醫院時，護士交給我的一只綠色塑膠袋，袋中裝著父親的遺物。我並沒有置身於照片中，我只是站在那裡，看著這一幕，沒有聲音，沒有氣味，沒有感覺，沒有理解。

我的父親於一九八〇年去世，享年八十二歲，當時，他剛動完新發現的惡性腸道阻塞手術。在父親診斷出症狀及死亡之間，只有六天的時間。我極盡努力，回想著身材瘦削、個性謹慎的父親，從行動徐緩而至意識不清、甚至昏睡到最後過世的整個過程，想要從這段急遽轉變中，理出一些頭緒。

在他們將父親的遺體移走後不久，我在那瞬間變得異常空洞的病房中，詢問醫師：為何我那年邁又虛弱的父親需要承受這場手術？那位照顧了我們全家多年的醫師，緊緊地抓著我的手臂，竭盡誠摯地直視著我的眼睛，對我說：「我們必須替他動手術。你難道不知道若沒動手術，你的父親活不過一個禮拜？」

我的確是不知道。

我也不知道這段對話，預示了我往後即將踏入的超現實人生，由原來的雙親健在，最終變成一個也沒有。

母親

父親下葬那天，我不確定母親是否了解她的丈夫已經去世了。就在同一年的年初，她突然變得健忘，滿臉迷茫，到了父親過世時，她開始變得有些瘋癲。

從墓園回到家後，我與母親坐在起居室裡，她甜甜地微笑著，四處張望，同時緩緩點著頭，彷彿在隨著一首只有她聽得到的歌曲打拍子，並且像在輕聲問著某個人：「他們布置得很漂亮，對不對？」

那種感覺，就像是跟一個陌生人去參觀某個陌生的地方一樣。或許是試著把她喚回來，我逗她說：「媽，別這樣，您不會是要告訴我您的記憶又出了問題吧？」

頓時她停止晃動，轉向了我。這是好幾個月以來的第一次，也是最後一次，母親的眼神專注且清澈。她以我熟悉的那種濃濃俄國腔說：「沒錯，而且我很難過，但是我喜歡像那樣子。」

她溫柔地笑著，眼眶盈滿淚水。接著她的頭又開始擺動，然後變成左右搖晃，漸漸地，眼神變得渙散枯澀，她又變成了一個陌生人。

而這個陌生人，就是母親過去曾經害怕的，她說：「但願以後我不會變成那樣子。」當時，她也一直守著這個期望，維持自己的樣子，直到在那四年後，她的狀況變得愈來愈糟，整個人也變得極度脆弱而衰老，一直到一九八四年，也就是她生命的末期，她已經變成了自己口中的那種癲狂老人。

安葬母親那天，墓地旁，熟悉的山邊小花、石頭和草地，再度被一個深深的長形洞穴所侵害，就像我的人生一樣再次崩裂。而我那已經歷過崩裂的人生，如今也只能帶著累累傷痕地繼續前行。

成年孤兒
The Orphaned Adult

墓穴旁有一堆泥土，覆以綠布，旁邊則有人替憑弔者排好了幾張摺疊椅。這些憑弔者中有我雙親的朋友們，當我走近時，老人家全都轉頭看著我，因為根據猶太傳統，身為兒子的我將代表宣讀紀念祈禱文。

但我在家裡從來都沒看過這種傳統儀式，所以我唸不出任何祈禱文，當時又沒有長輩主事，我只能站在那裡尷尬地向後看，眼中噙淚，而雙親的朋友也就坐在那裡看著我。我閉上了雙眼。

彷彿我又回到了六歲。

親愛的，你媽媽不見了嗎？

記得六歲時，我們社區附近新開了一家超級市場。以前，我們得走好幾條街到一個農夫家，去買所需的肉品及其他用品，購物成了每天的例行公事。爸媽告訴我們說，以後在住家附近就能買到新鮮的食物了！

記憶中，我小時候有兩件很重要的事情與那家超市有關。第一件是當我通過一道光時，商店門就會自動打開來，彷彿變魔術一樣——颼一聲，門打開了；颼一聲，門又關起來，只要走來走去就行了！我還記得當時，望著嚴肅又害羞的父親來回穿梭於店門口，長長的羊毛外套飄揚又披蓋著他傴僂的身影，令我驚愕地呆站在那裡。他闊步於門開與門關之間，而颼颼又咔嗒作響的門，也準確估算著他那無聲無息的動作。我從未見過父親那麼活潑的一面。那天，我們手牽著手走回家。

另外一件事情，可能是墓園讓我回想起來的。當時，我漫步在一排一排的貨架間，研究著架子上形形色色的物品和地板上均勻的格子，卻突然驚覺母親不在身邊，頓時我渾身發冷、呼吸停頓，同時眼睛發熱。我在走道間跑來跑去，哭喊著：「媽媽！媽媽！媽媽！」我永遠忘不了自己是多麼驚惶失措。當我看到一件裙子下露出的女性雙腿，便啜泣著向前奔去以求慰藉，那個人卻不是媽媽！她試著恢復身體平衡並問我：「怎麼了，親愛的？你媽媽不見了嗎？」

就在那時候，我那焦急的媽媽從走道盡頭跑過來，把我抱進了購物推車中。在墓園裡回想六歲時的情景，似乎也無法改變事實。我知道，不會再有喜極而泣的重逢，也不再有責罵、熱烈的擁抱和緊握的雙手，來結束這次經歷。不能再回到熟悉的過往，沒有任何令人欣喜的可能，晚餐時也不再有好笑的故事可以聽了。

要是當時，坐在我父母墓旁的那些老人家也這麼問我：「怎麼了，親愛的？

你媽媽不見了嗎？」我一定也會開始哭泣的。

當永遠，不再是永恆

在我們生命中，再也沒有什麼比得上我們生命初始的那一刻美好，也沒有什麼能像某件東西一樣久久留存在我們的生命裡。但是當你去試想那東西，它或許空缺了，只成了一個無法辨識的深洞。再試著想，它可能是你看到的第一張臉，也可能是你聽見的第一聲話語，以及在人生初始便讓你感到安心、帶給你正確指引的第一次溫柔撫觸。

其實這一切，都是來自父母。在孩子的生命中，父母就是恆長的。打從寶寶第一口貪婪的呼吸開始，父母，或是其他扮演著父母角色的大人，就給了寶寶賴以生存的力量，這種力量必須不間斷地充分供給，否則寶寶無法存活，氧氣、水分、食物、休憩、免於掠奪者及氣溫變化的傷害等，都是基本的保護，否則寶寶活不久。

嬰兒的需求是持續不斷的，並需要長時間關注，父母這種「永遠」的形象，正與其所提供的重要生存要素密不可分。

失落的成年孤兒

我開始思索「成年喪親」這個主題，然而，在閱讀了許多一般醫療及心理研究的內容後，我很意外地發現，相關資料竟然那麼少。

我發覺這個題材很吸引人，而更令我感興趣的是：為何這方面的探索如此之少？這一點確實讓我頗為意外，畢竟，父母離世是這個社會中唯一造成喪親的原因。根據研究資料顯示，「家族成員的死亡」類別中，父母去世占最高的事故發生率。失去父母不是少數人的不幸遭遇而已，而是非常平等的經歷，而且前提也必須是小孩不得在父母之前死亡。

雖然如此，一般在心理及醫學方面的認知，所謂「家族成員的死亡」大部分都偏向於配偶的離世，然後就是指小孩，很明顯地，很少涉及父母，甚至從未提到兄弟姊妹的亡故。

一般人寫到父母離世對成人的影響時，多半都專注在童年喪親所發生的種種細節。此外，我們有的是各種研究、報導，以及對臨終夢境的分析、照顧臨終者的人的精神狀態、各種不同的死亡方式，與人們得就自己的死亡可做及應做的選擇，甚至是失去寵物時的悲痛（到了最後的階段，人們有其自我形成的支持網絡）。

以上所提到的主題，就如同人生其他層面一樣生動、重要，而且值得探索。但我還是不禁懷疑：為何「成年孤兒」無法吸引人們的關注？

在哀傷之餘

身為心理學家，我接觸過許多成年孤兒，而他們訴說的盡是那份失落帶給生活的巨大改變。伴隨而來的是俗稱「令人意外地緊張」的情緒，這個單純的形容意味著：「我知道這種事情對大部分的人來說沒什麼大不了，但對我來說，卻是非常大的打擊。」

失去雙親是無法避免的事，每個人也都同意那的確是一種危機，卻很少有人針對這個領域來討論、著述與研究。

在《悲傷：哀傷之餘》❶這本探討「失落」的作品中，作者凱瑟琳．桑德斯寫道：「一般人似乎沒耐性去面對成年喪親的哀傷，也很少有人去探究失喪的個人感受，甚至在一、兩週後便坦承自己的哀痛，就好像這種事情不需要太多或太長的時間反應一樣。成年孤兒必須壓抑自己的情緒，暗自哀悼。」

桑德斯更提到，很少人會注意到「雙親過世」對在世的成年孤兒所造成的影響，因為大家認為這種現象是「宇宙自然規律的原動力」。對於這種視為自然規律的理所當然，而不像對喪偶或喪子（女）那樣進行全面探索，我始終感到不解。

是否正如少數研究者所提出的疑問：我們太重視青少年了，老年人的生與死因而失去了社會價值？若果真如此，那麼，當我們失去老年長輩時表達出的哀傷，或許就不被認定有太大的社會意義，悲傷者獲得的安慰也相對較少。

有時我甚至懷疑，社會加諸於每個人對權利與義務的價值觀，是否已發展到一種境界，使我們一心一意只關心自我的權利，而犧牲了那股牽動彼此的憐憫？

這種熱情只專注在我們自己身上，心中沒能留下空間去感受別人的經歷，更別提去關心別人慌亂而分裂的情緒了。別人所經歷的，與我們無關，我們相信自己會得到諒解，並開始替自己劃清界線。我們無動於衷，並認為那是討厭的麻煩事，只希望受苦受難的人自己去「克服」。

❶《悲傷：哀傷之餘》（Grief：The Mourning After: Dealing with Adult Bereavement），凱瑟琳·桑德斯（Catherine M. Sanders）著。

成年孤兒

The Orphaned Adult

我們認為死亡是可懼的，並且避而不談。我們迴避提到「那件事」，不去提要為「那一刻」預先做準備，甚至從來都不談論，就算提到了，也絕不直接說出「那個字」。

幾年前，我曾經問女兒從小便認識的一個朋友，是否要一起參加某位我們都認識的人的葬禮，她回答：「不要，我不想跟死亡這種事扯上關係，不過，還是謝謝你。」

這句話聽起來有點好笑，多麼天真爛漫啊！但我愈是進一步思考，就愈想到我們大部分的人，都「不想跟死亡這種事扯上關係」。

有人告訴我，他們認為死亡是一種侮辱，一種極度的屈辱，與生命背道而馳。有些終日與生死為伴的醫師則告訴我，他們不願意承認自己所能做的是減輕不適、並延緩死亡，而寧可宣稱他們是在「拯救生命」。

我們拒絕直接去面對死亡，彷彿只要不與遊樂場中的那個壞蛋目光交會，他就看不到我們，而會放我們一馬。然而，我們愈是不願面對它，它對我們的威脅就愈大。

那個不可言的極限

我相信我們對死亡的看法，在近期的文化發展中有極明顯的改變。二十世紀初，死亡被視為是一種慣常的生命特徵。當時以大家庭居多，關係緊繫在一起，大家也都住得很近，所以有人出生、有人去世是經常發生的事，不管年輕人或老年人，屍體都一樣在家人的安排下入殮，往往被安置在客廳裡，聚合了所有人的哀傷。

但是到了現代，我們盡可能地迴避「死亡」這件事。臨終的人被排除於家庭之外，送往醫院；我們不再替往生者洗淨及穿衣，也不在家裡陳列他們的遺物，所有的事情皆由葬儀社一手包辦；我們不再暫停日常的工作來哀悼，幾天之後，又各自回到工作崗位。

死亡，被人們以衛生、安全又制式化的方式處理了。

我們的經濟和政治哲學強調的是個體，我們珍惜自己與彼此，我們讚美生命，我們把機會當作珍寶。我們堅信人們有生存、自由及追求幸福的權利，就像過去一樣不受階級、種族、性別、宗教或國籍所束縛。我們拒絕這些束縛，並抗拒所有的束縛。

成年孤兒

The Orphaned Adult

我們歌頌生命，卻摒棄死亡。

「你可以變成任何你想要成為的人。」我們從小就一直被灌輸這個觀念，卻從未聽過這樣的說法：「事實上，不管你的成就如何輝煌，所追逐的一切總有個終點，那就是死亡。」在我們對生命及自我的印象中，似乎不包括這個最後的平等機會。

如今，傳統的束縛已不再適用。食物是由極少數人所生產，人們擁有並掌控了大片的土地、大型工廠與其他的生產活動，真正的工作由機器在做，現代化的儲存和運輸技術則使物品愈積愈多。在一百年以前，這根本是天方夜譚！無限的健康可以累積而成，而以往所謂的貪婪，在當代社會已被視為是一種成功象徵。

從小到大你聽到的是「天空是無止境的」。從來都沒有人這樣告訴我們：「事實上，無論你如何努力地累積，你的成就總有個極限。這個極限，就叫作死亡。」

我們不再受奧祕的專業知識擺布，只要稍微下點工夫，大家都可以像醫師一樣擁有某些特殊的醫學知識，包括替代性療法、對一些特效藥副作用的了解等。

每個人都有機會獲得智識的啟發，只是我們從沒想過要去探索那道生命的暗影。從小到大常聽人說：「你的知識只會受限於自己的想像力。」我們卻從來不曾聽過這句話：「事實上，有一道可知的外在界限、一種始終讓人避免去理解的真理，它就叫死亡。」

每個人，都有自己的生命地圖

一段旅程，往往受限於旅人的體能極限與他所駕馭的動物。如今，我們每個人都能重新走一遍旅行家馬可波羅走過的路，再搭超音波客機在隔日準時回家吃晚餐。以往不可能的事，到了現代已成稀鬆平常，而從前認為不可思議的種種，現在也都變得見怪不怪了。

時至今日，時空皆可無限延伸，不再受限於現實：錯失了某一段重要比賽，可以立刻倒帶回去看，就算想換個角度觀賞也辦得到；太忙了去不了電影院，也可以等著在電視上看；忙得沒空看轉播，還有錄影。但我們卻受限於「死亡」、「終結」這種落伍的概念，錯失了下一步的機會。

死亡終究會來，並帶走某個我們心愛的人——這個想法太令人震驚了！彷彿是對我們認知的那位浩瀚、強壯的宇宙之神，給了一記重擊。而當死亡初次降

成年孤兒

The Orphaned Adult

臨，理所當然地，帶走的是我們的父親或母親。

父母離世，這段伴隨成年而來的生命歷程有其文化意涵，或許它的作用之一是先提供一張地圖，引領我們航向生命中的每一個階段，然後再以這一小段特殊的「誤植」來誤導我們。地圖未能正確指出路上有個大轉彎，之後則是截然不同的地形，許多路標也變得不一樣了。也許這種誤植提升了某些社會的價值，並為其提供了支持，但是對我們並沒有幫助，因為一旦狀況真的發生時，它能產生的助益是如此有限。

古地圖以龍、蛇為邊界來區分已知的地形，包括已開發的森林及河川，而廣大的未開發區域則充滿了可怕的危險，潛藏著未知。但是在我們的文化裡，並未提供這種以龍為邊界的地圖，來警告我們當越過了某個點之後，情況便會截然不同，所以每個人一旦面臨父母的大限之期，都會感到茫然失措。

女兒的一名男同學告訴我，就一個小孩子來看，他認為大部分的大人在兩個禮拜內，可以從父母過世之中恢復過來。他有充分的理由這麼想，因為他上中學時觀察到，父親或母親離世的老師通常會請兩週的假，然後回到學校上課，就好像沒有什麼傷心事發生過一樣。他說他很擔心，因為他認為那種遭遇對他來說，一定是一件很重大的事情。

哭出來，竟是那麼難

母親過世幾個月之後，我的生活似乎就回到了「正軌」：財務問題交給律師處理；父母親的朋友們，我們都通知了；那些「遺物」已分發出去；我和兩位姊妹也都恢復過來了。但是大約過了八個月，我的情緒突然變糟，一反之前的樂觀和愉悅，我變得憂鬱而退縮。我瘦了，精神無法集中，並且很容易慌亂。我覺得有點不安、焦慮，感到茫然。那不是針對某些事情，儘管我可以用「焦急」、「悲痛」、「憂鬱」和「喪氣」這些字眼來定義這種心情，卻無法想出某個理由或歸結於某個點。這種奇怪的感覺持續了一個月，於是，我去找我的醫師。我很擔心籠罩著我的這種無法專注的奇怪感覺，沒有任何明顯的原因，甚至沒有特定的現象能判斷是某一種病症。我是不是長腦瘤？或是糖尿病？我是不是快發瘋了？

在醫院一樓等電梯時，我望著玻璃大門外的街道，天氣明亮而晴朗，透過這扇門，路上行人繽紛多彩的裝扮盡入眼簾。當電梯門開啟時「噹」了一聲，我只是稍稍瞥了一眼，某種似曾相識的感覺立刻讓我喘不過氣來。

我立刻便記起了這種感覺。我想起小時候在住家附近的超市找不到媽媽，及當時自動門不斷開合的情形，也想起葬禮那天，捧著她的骨灰到墓園的情景。

三名瘦小的老太太慢慢走出電梯，在走廊上與我擦身而過，走進了陽光裡。望著她們，我眼中不禁泛起淚光。這是母親去世後，我第一次流淚。

進了醫師的辦公室後，我開始描述幾個月來奇怪的心境轉變，以及其他方面的變化，同時，也開始仔細思考曾經發生過的事。醫師問我：「你覺得接下來會怎樣？」我不假思索地回應：「不會，不會怎樣了。我爸媽過世了，永遠不會再回來了。」

直到那一刻，我才開始面對失去了父母的哀傷，也才有能力擁抱隨他們而去的那些珍貴片刻。

那一天終究要來

過去幾年，針對成人變成孤兒後的狀況，我在進行了不少研究與探討後，大致領悟到：無論關係是否和諧、相處情形如何，孩子與父母之間的關係都不可能因死亡而消失。父母的角色完全是獨一無二的。無論我們如何看待，父母都是我們生命中最初、最明顯也最確實的持續存在。在注意到其他事物前，我們已先注意到父母了；在認識太陽、月亮或大地等其他生命現象之前，我們早已習慣父母了。

不管親子關係如何，也不管親子之間的相處情形是好是壞，父母都給了子女一種永恆的假象，讓我們相信人生是一種可知、可靠、可信賴而且可行的努力。

父母並不如我們想像的那樣堅不可摧，我們也會看到他們受人生中各式各樣的危害所苦。我們看著他們夏天受風寒、寒冬患感冒，還有頭痛、喉嚨痛或其他傳染病。他們也會受傷、覺得沮喪，一陣子過後，我們看到他們痊癒。或許他們不會每次都完全康復，可能會四肢無力或留下傷痕，但是大部分時候，我們都看到他們駕馭傷痛、不屈不撓，我們對父母耐受力的信心，每次都會獲得支持的力量。

父母生病，也許會使一個正常的家庭因此分裂，他們或許會不良於行，甚至擔心、害怕。但是在生活中，我們卻視父母的病痛為一種短暫的現象，換句話說，父母是恆常不變的。

然而，某一天，我們會接到電話、信件或是到醫院，被通知我們的父母因生病或受傷，而不再恢復過來了。在他們開始衰老之前，我們會看到他們久病或衰弱一陣子，之後，又出乎意料地走得很快。不管是如何發生的，沒有例外，

成年孤兒
The Orphaned Adult

父親，母親，就是去世了。

當他們消失在遙不可及的範圍之外，我們心中那份暴露於父母光環下的安全與天真，也一併隨之消逝了。

遊樂場裡的那個壞蛋，這下子就可以抓到我們了。

一切都變得不一樣了

緊接著，許多事情也開始跟著改變。基本上，中年時痛失父母，會引發一種揮之不去的孤獨感，過往關於「失去」的記憶、未得化解的種種衝突湧現，使我們對自己的人生目標產生疑慮。

人與人之間的關係也會受到影響。若有朋友失去父親或母親，常常在幾個月內，這段友誼會發生很大的變化。家庭中，手足之間的角色會重回親近、關懷、承諾、家庭認同與互相支持。舊的友誼有時會變淡，新的友誼可能會形成。

我們對時間的看法及運用也會隨之改變。例如，早在一九〇〇年，作家瑪麗・金斯利便已在西非完成數百英里原始流域的探險及記錄，這些地方是歐洲人從未見過的，而這件不尋常的任務，瑪麗是在父母去世後不久開始進行的。同樣地，佛洛伊德在母親去世後一年，公布了關於戀母情結的驚人發現，這個理論是描述小孩無意識地傾慕母親而敵視父親的傾向。

這是一種突然驚覺自己不再是「某個人的小孩」之後的認知，隨著這種認知出現，童年也一併消逝了。我們驚覺自己是個「成人」了，而成人應該是歸屬於老一輩的人，我們也同時產生一種恐懼——此後，自己將直逼死亡面前。我與一些父母雙亡的子女談過，他們全都對我說：「我是下一個輪到要死去的人了。」

或許一個人健康和精神狀態的改變，也與失去父母有關。研究報告指出，父母亡故是人們發生精神異常的明顯前兆，男女皆然。事實上，在父母逝世週年的一個月內，子女自殺率有明顯增加的現象。剛剛遭遇喪親之痛的家屬死亡率，大約比喪親六個月內者高出七倍之多。

哀傷不只是從失去中恢復過來，並回歸生活的過程而已。它是一個過渡時期，而「改變」，就是這段過渡時期的印證。

儘管哀傷的過程會逐漸趨於緩解，但悲痛卻永遠都不會過去。在父母去世後，與他們有關的回憶和情感會數度浮上心頭。對某些人而言，這些可當作是

成年孤兒

The Orphaned Adult

歡迎已逝的親人來訪；但是對某些人來說，或許是痛苦和縈繞不去的驚恐。

分享記憶，將為我們帶來安慰

記憶，可能會在生者毫無心理準備的情況下來襲。最近在走去辦公室的途中，我遇見了一名在同一棟大樓上班的六十多歲婦人。多年來，我們僅在電梯及咖啡館裡互相行注目禮，我知道她的名字，她也知道我的名字。

那是一個令人愉悅的春日，我們一起走著，來一趟小散步。如平常一樣，她天真地問我提那一大包是什麼東西，由於其中裝的是這本書的資料，我就回答說，裡面裝的是用來寫成年人喪親的資料。我聽到她吸了一口氣，變得安靜下來，同時放慢了腳步，最後她清清喉嚨，擦擦眼睛，開始訴說二十年前她失去了父親，以及父親與母親去世對她造成的巨大影響。我也簡短描述了自己的遭遇，以及父母過世對我的影響。最後的幾條街，我們走得更慢了，我們握著彼此的手，因這件由分享而經歷的意外發現獲得了慰藉。

就從那天起，我知道那些我走去辦公室時擦身而過的人，有可能都已跨越了喪親之痛的門檻，我覺得要是我們能夠認識彼此，並分享彼此的經驗，那該有多好！至於還停留在舊有生命地圖裡的人，若他們明白是什麼形成了地圖邊界，以及地圖外有什麼值得期待的，又將如何？

明白這些，對他們是否有幫助？我們是否能告訴他們，變成孤兒是邁向「長大成人」的一步，我們每個人終將遭遇到？並讓他們知道，有許多人已經由孤兒變為「成年」，走過這一段陌生旅程？而當我們橫越了生命地圖上那片危龍滿布的邊界，是否能向仍習慣父母健在的人保證，通往未曾接觸過的區域及有蛇蟒之處，其實並不危險，只是一旦遇到了仍然會感到害怕而已？

在每年春天及秋天各一次，到城鎮另一端去探訪墓園時，我都會倚著一塊溫暖的墓石，眺望著那片許多人埋葬他們父母的地方，諸多思緒縈繞心頭，尤其是成為一名成年孤兒的奇特經歷。

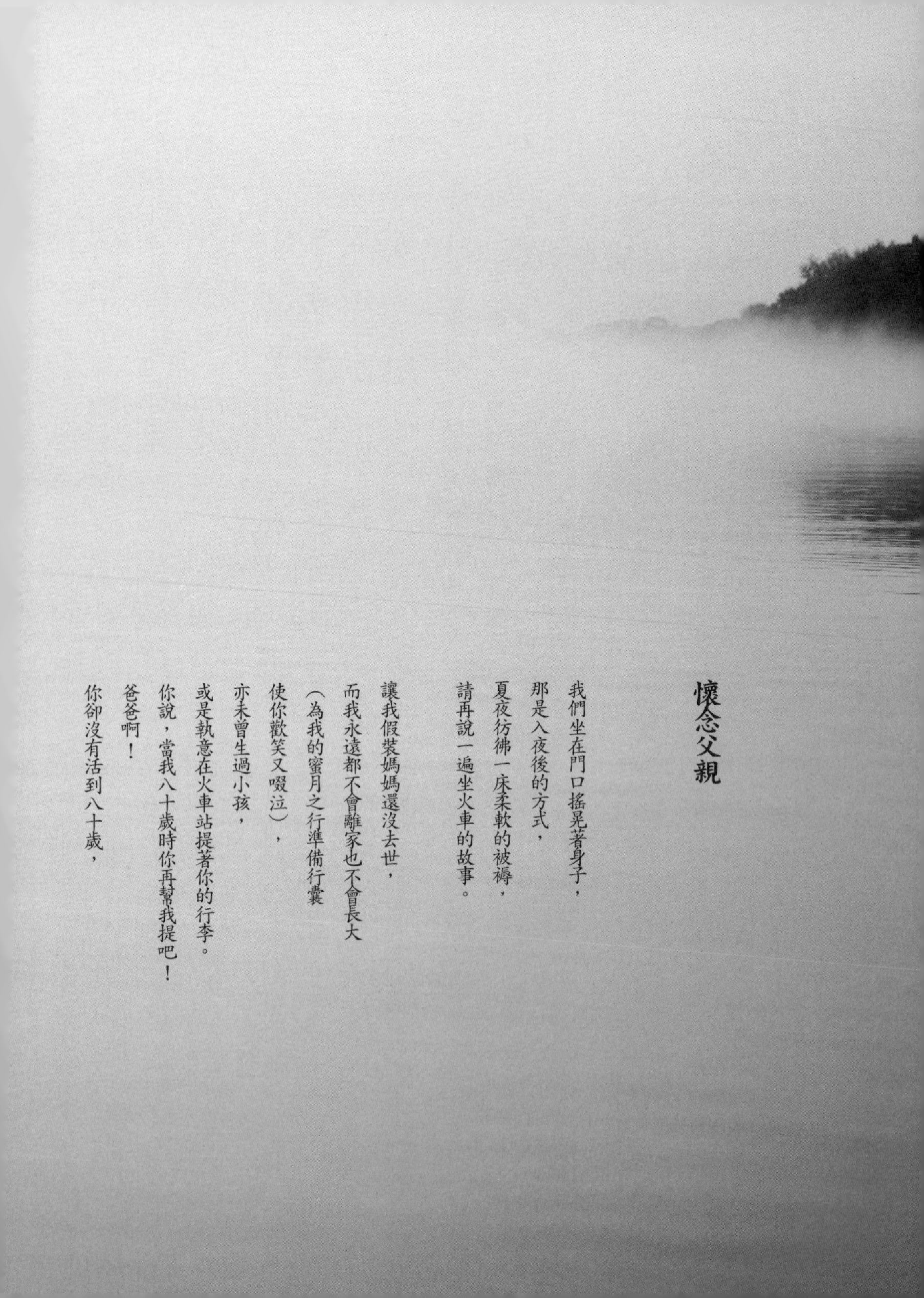

懷念父親

我們坐在門口搖晃著身子，
那是入夜後的方式，
夏夜彷彿一床柔軟的被褥，
請再說一遍坐火車的故事。

讓我假裝媽媽還沒去世，
而我永遠都不會離家也不會長大
（為我的蜜月之行準備行囊
使你歡笑又啜泣），
亦未曾生過小孩，
或是執意在火車站提著你的行李。
你說，當我八十歲時你再幫我提吧！
爸爸啊！
你卻沒有活到八十歲，

每當你去車站時，
亦未曾讓你的子女
提行李。

請你輕輕地再告訴我一次
（但只聽到鍵條嘰嘰嘎嘎作響，
甲蟲在屏風上咻咻嗚唱），
西班牙文的月亮該怎麼講。

請再一次，
告訴我坐火車的故事。

——勞勃・葛溫，加州洛杉磯

第二章 和自己同哀傷
——回憶，是一切的開始

好的哀傷

什麼是好的哀傷？人總是會死的，可是，為什麼每當有人去世，我們都會如此痛苦？尤其是老人家去世時，我們是那麼的難以承受？

每個人終將一死。年邁的父母過了一輩子豐富的人生，但是到了生命末尾，他們老是生病，生活品質逐漸低落，樂趣極少。是該離去了，然而，當他們走時，我們又會傷心。

要是扭傷了腳，我們會覺得痛，這種痛楚使我們明白情況出了問題，迫使我們不在受傷的地方使力，以免造成進一步的傷害。這種痛苦有其作用。

哀傷也會造成痛苦。那麼，它是否也具有某種意義？是否要告訴我們什麼？我相信答案是肯定的。

首先，找出哀傷的意義，將帶給我們莫大的幫助。到底什麼是哀傷？每個人都經歷過，但是我們該如何定義它？

是本能，是關係，也是禮物

某些思想家說過，哀傷是本能，是我們原本堅信的自我認知遭瓦解時的一種反應。這些思想家相信，所愛者去世的創痛引發了人性中最核心的部分，那就是哀傷。

有人則說，哀傷是因人與人之間的關係而生，並非來自一個人本身。他們認為，哀傷是由於我們與相關聯的人或環境遭遇分裂而產生，因為某個我們深愛的人去世了。

成年孤兒

The Orphaned Adult

也有人認為哀傷是文化層面的問題，與個體無關，他們覺得哀傷是一種學習現象，就像是音樂的前奏和藝術的迴響一樣，哀傷，是由社會標準和期待塑造而成的。

另外還有個理論，馬達加斯加中部的波塞族相信，哀傷是創世紀時給予「創始夫婦」和犧牲者的自然獻物。根據傳說，造物主給了波塞族祖先們一塊石頭和一根香蕉作為禮物，他們因為飢餓，所以選擇了香蕉，而不要石頭。造物主於是宣告，由於他們選擇了香蕉而非石頭，因此，他們及其後代子孫的命運，會跟香蕉的生長模式一樣。

香蕉的母樹在結完果實後會逐漸凋零至死，人類也一樣，會在衍生子孫後死去。然而，要是當時創始夫婦選擇了石頭為禮物，那麼人類的生命是否會像石頭一樣，無子且不朽？

當波塞人感到哀傷時，並不是因為想起族群中有某個成員去世；相反地，是在感念祖先的利他主義及其後的數代長者，因為他們，而給了自己擁有生命的機會。

另一種看法

在一些學院派心理領域中，思想家不再聚焦於如何定義哀傷，反而是對構成哀傷的「本質」感興趣，也就是說，他們想要了解是什麼造成了哀傷。

一般認為，伊莉莎白．庫伯勒—羅絲❷於一九六〇及一九七〇年間首度發表的臨終經驗，可以對這項疑惑做出解釋。她的說法是，想要抓住自己即將消逝的生命，就如同想要抓住任何一位摯愛的人即將消逝的生命一樣。

我可以理解為何要以這種有組織、有系統的方式，將哀傷概念化成一種現象，這對於大學課程有幫助。我也明白，為何這種對哀傷範圍的一般闡釋，可以安撫那些因殘酷經歷而感到意外與恐懼的遺孤。

我不認為這種條理化模式與真正的哀傷經驗有任何關聯，不過，在此仍稍作介紹，以下是該模式的哀傷階段：

❷伊莉莎白．庫伯勒—羅絲（Elisabeth Kübler-Ross，一九二六—二〇〇四），精神科醫師、生死學大師，著有《天使走過人間》等書。

懷疑、迴避和拒絕

哀傷發展的初期，是一段介於冰冷害怕與麻木不仁的猶豫期。在這個時期，我們會試著想逃避這種矛盾，一方面我們知道自己心愛的某個人去世了，但另一方面又無法相信他們真的走了。

我們可能會失神地踱步，或是藉由忙碌、安排分送父母的遺物、處理法律事宜、加班等方式，竭盡所能地做任何事情，以便能讓自己忘記已經遭遇，但是無法理解的失落。

憤怒

接下來，我們的情緒開始針對往生者（為什麼我不好好照顧他們），找上醫療人員（為什麼不能多做些補救），並對上家庭成員和朋友們（為了數不清的真正及想像出來的缺點），然後是上帝（為什麼要有這種折磨）。憤怒轉變成好戰的態度及行為，來對待與我們的失去毫不相干的人。這樣的抗議是一種方法，藉此，我們竭力想弄清楚這個難以理解的事件。我們覺得事情必須有個交代，即使這件事本身毫無道理可循。我們相信只要找到一個理由，自己就會覺得好過一些，因此，某些人或某件事必須為這個失去負責。

罪惡感

再來，憤怒會轉回到我們自己身上。往生者在世時以及他們臥病的後期，我們對他們所犯下的錯誤、怠慢、缺點，都被我們自己無情地重複檢視。我們會自責，認為是自己造成了他們的死亡、他們的苦難，以及沒能給他們充分照顧。不管是我們所做的或遺漏掉的，都逃不過我們的自責，沒有任何一個疏忽被遺漏，所有的過失都不可原諒。

屈服於哀傷

接著，當迴避、拒絕、憤怒及罪惡感等保護作用都退去時，一種真實的失落感便席捲而來。當我們感到空虛、失望和失落時，那一刻實在是可怕而哀傷的。我們強烈地懷念往生者，熱切期盼他們能夠復活。我們會哭泣，至少希望自己可以哭出來。

接受

最後，我們會達到一種平靜的認知狀態，了解到我們的失去是永遠的，在往後的人生中，往生者的消失已成既定事實，於是，我們不再熱切地持續懷念或想念著那些已經失去的人。我們必然會憶起或懷念他們，但是當想念起他們時，已不會再感受到哀傷剛發生時的那種，不堪忍受的椎心之痛了。

當你開始回憶，你就是在哀傷了

除了以上關於哀傷的誤解，還有一件事，使得剛痛失親人的家屬對哀傷產生了錯誤期待，而直到多年前，有名女士前來求助，我才注意到這一點。她極為詳盡地訴說了四年前母親去世後，她採取了哪些步驟來重新定位自己的生活。在她成長過程中，幾乎都在照顧母親，尤其是母親在世的最後那幾年，母親的死，留下了明顯可見的一個大洞，至今都無法填平。她參加了許多不同的聚會、到那些她一直想去的地方旅行，並且報名參加了義大利菜的成人烹飪班。當她發現這些方法都無法使她遠離失落的哀傷時，決定尋求專業協助。

在我們最初的談話中，我問她在母親去世後，她是如何處理哀傷，以及如何面對哀傷。

「噢，」她回答：「那確實不容易。我找了一本這一類的書，試著去讀，但是每一次我正要開始看的時候就哭了，然後我得再重新來過。」

接下來的幾次會面中，她追憶起與母親之間那段冗長又複雜的關係，在訴說的過程中，她哭著、笑著、顫抖、憤怒，她的情緒狀態沒有次序可循，而她發現自己也不需要有所謂的情緒順序。有一次會面時，她帶了一包家庭照要給我看，相簿放在她的腿上尚未打開，她就哭了起來。另一次會面時，她告訴我一段好笑的故事，是關於她母親的小氣省錢法。當時，我沒有指出她的任何情緒，也沒有認定任何「階段」，因為她正在與我分享她的故事。我反而樂於接受所聽到的訊息，因為我相信，當她開始回憶、分享、悲嘆、憤怒、訕笑或哭泣時，她就是在哀傷了。

來我這裡治療幾個月之後，她從母親的生與死之間找到了些許平靜。到了那一年的年底，她變得比較能夠稱自己為一個個體，可以從母親的陰影中獨立出來，而且準備迎向嶄新的未來，這個「未來」，不再是長久以來因為有母親，而產生的那種信賴與確實的假象。在我們最後一次會面之後，她去見了一名房屋仲介，最後，她終於決定要把母親的房子賣掉。隔天她打電話告訴我，她既悲傷，同時又感到如釋重負，並且確信內心的那些複雜糾結就是哀傷。

哀傷的真義

我發覺當人們向我訴說哀傷的故事時，提到的都不是連續而規律的經歷。他們談的盡是一些混亂的感受，而以害怕、痛苦、羞愧和喜悅等情緒來組織及詮釋，稱之為「哀傷」。

每當人們提到這種可怕的恐懼時，彷彿這是他們永遠都無法克服的，他們無法停止啜泣，或是自覺有異狀，卻無法感受這種極度煩亂的情緒，就是哭不出來。他們奢望能在親人的生命結束前，再度向對方說聲：「我愛你！」而別人對他們的哀傷所表現的冷淡態度，使他們感到迷惘。有的人告訴我，直到失去了摯愛，他才知道自己有多麼懷念。也有人慚愧地說，自己竟然不常想念過世的親人，並羞愧地坦承自己得之於這份自由的喜悅。他們娓娓道來自己在夜半時分猛然驚醒，汗流浹背地站在床邊，朝著逐漸消逝的夢中影像呼喊。他們侷促不安地傾訴著自我的不堪，像是卑鄙、貪婪以及喜怒無常等。雖然生活只有少許的改變，但是一切似乎都變得詭異了。

第二章

和自己同哀傷

回憶，是一切的開始

有些時候，他們根本無法言語，就只是像個很傷心的寶寶一樣嚎啕大哭，或是像新生兒般驚慌尖叫，甚至像受挫的學步幼兒一樣氣憤不已。若假裝這種哀傷是發自內心的一種原始經驗，或者假裝它可以組織化、被理解，將會產生一種誤導，讓人誤解哀傷所引發的混亂失序，以及哀傷的真義。

但是，究竟什麼是哀傷呢？我們又為什麼會感到哀傷呢？

我想，哀傷是一種當人們喪失摯愛時，以任何方法都無法加以理解的一種心態。這時，我們的心智停止運作了，對此，我們完全無能為力。即使某個人已經去世了，我們仍然習慣有他的身影穿梭於屋內。我們無法確切地體認到他已不存在的事實。我們就是無法想像，曾經活蹦亂跳的一個人，如今已不在人世了。

我們無法理解鍾愛的人不在身邊了，尤其當某個對我們很重要的人去世時，我們無法相信事情就是發生了，仍然會試著捕捉他的身影。這就是我們的反應，我們無能為力。

也正是因為試著要去捕捉已不復存在的影子，我們會一頭栽進想念的深淵。我們跌進了無盡的虛空，並且被生命中最陰暗、最令人喘不過氣來的混亂和苦惱所包圍。儘管外披青春活力的假象，我們的生命卻脆弱得不堪一擊，僅以一條纖細而無常的命運之線維繫著。不管我們有多麼自傲、成功或聰明，都仍然

成年孤兒

The Orphaned Adult

深深依賴著所愛的人。沒有任何專業外衣、成熟表現或社會成就，足以掩飾我們對於未知的恐懼，無論多麼博學，信念如何堅定，當面對不可預知的生命奧祕時，我們也只能無力地停滯不前，莫可奈何。

在我看來，這種深陷於生命的脆弱與無解之中，耗盡了心力的情況，就叫哀傷。然而，這般突如其來的悲嘆和迷惑，又何嘗不是我們生命中迎向自由及改變的大好機會？

每個人的哀傷，都是獨一無二

有些喪親者因為受困於哀傷而求助於我。他們對我說：「重點是，我知道情況不對勁，某個我所愛的人去世了，而我對這件事久久不能釋懷。我知道他們已經不在了，我也應該為此感到難過，但我只是覺得莫名的哀傷。我應該停止如此的煩亂，因為這對我沒有任何好處，並不是只有我這麼認為，所有的人都勸我應該忘掉那件事，回歸到正常生活。我雖然同意，卻無法克服。我到底是怎麼了？」

我的回答是：歡迎加入喪親之列。這並不是你真實生活中的一個遊戲，也不是一種由「一、二、三、四、五」等步驟所做的練習，你不需要逐一經歷才能回歸到原來的日子，因為，這就是你的真實人生！你必須承受失去，在未來的日子裡，必須坦然面對摯愛的人已不存在的事實。沒有任何人可以幫助你度過這個難關，你也不需要別人的幫助。你克服的是哀傷，而當你也讓哀傷克服了你，最終你將發現，在自己的心裡已經有了容納它的地方。一旦度過這段可怕的時期，找到了另一個出口，你就不需再去探索事情的緣由，如同自然能體會「有充分的營養，才有健康的身體」的道理一樣，這時，你會發覺自己已經能以一種全新的方式，來面對並經營未來的生活了。

每當我說出這番話，都很少有人能理解。我們大都不習慣談論「哀傷」這個詞，因此，失去親人的這種哀傷，對我們來說顯得陌生，更別提敞開心扉去迎接它了。我們必須花好一番工夫，才能達到那種境界。

然而，哀傷又是不易被認同的。就像指紋一樣，每個人的哀傷都是獨一無二的，哀傷的程度沒有一定的標準可言，也沒有過往可循。有些人只經歷二十分鐘真正的哀傷，就足以讓他們感到情緒萬分激動，而有些人則需要承受長達二十年之久的持續沉痛；有些人可能會短暫而含糊地受哀傷所困，有些人則可能被緊密的悲哀長期籠罩，在這段期間，一切其他的情緒感知都暫告終止。當處於哀傷之中，有人或許受自己的平靜所苦，有人激動大哭卻感覺痲木。對某些人來說，這種強而有力的情感會匯聚成悲傷，有人會生氣，也有人會覺得如釋重負。

都是哀傷惹的禍

哀傷經常會喬裝現身。我曾經聽過有些人會暫時失去性欲，而把原因歸咎於自己的婚姻，到後來才知道是哀傷惹的禍。有的人渴望午睡，也是哀傷使然。還有人在遭逢喪親之痛後，過了好幾年都沒事，卻在毫無預兆的情況下，突然陷入完全崩潰狀態，這也是哀傷的後遺症。突然熱衷於工作、失去食欲、有強烈的購物欲，甚至順手牽羊，所有這些生活型態的轉變，都披上了「哀傷」的外衣。有人縱使處於哀傷的狀態下，仍然能保持鎮定；有的人表面上看起來，出乎意料地迅速調整了心情。對某些人而言，情緒則是時起時落，錯綜複雜交織其間，混淆糾纏，既無明顯的轉變，也沒有明確的目的。

哀傷經常具有「迷惑」的特徵。生命中某個熟悉而重要的部分消失後，我們會呈現短暫性的失落，在那段期間，我們可能會在「熟悉」與「不熟悉」之間擺盪。記得母親去世那天，我走進了醫院急診處的停車場，卻無法從那些五顏六色的車子之中，認出我自己的車。

我也曾聽過有人說，哀傷就好比是切斷手腳的一種狀態——「我彷彿失去了自己身上的某一部分」，「我感覺有部分的我不見了」，「就好像我的部分心臟不見了」。以前擔任過戰地醫師的詹森告訴我，這種受傷的感覺，使他想到發生在截肢手術病人身上的「幽靈痛」現象，也就是被截去的手或腳仍然會有癢及其他的感覺。

詹森說他在父母過世後，仍然會像往常一樣打電話與他們分享生活趣事，卻發現他們的電話已經不通了。動了截肢手術的人也一樣，他們往往想要去抓那隻失去的肢體，卻每次都意外地發現原來它已不存在了。

並非每個人都會喪偶、失去手足或子女，但是只要我們活得夠久，一定會經歷父母過世的哀傷。因此，我們對雙親過世所表達的哀傷與一般哀傷不同，對於這一點不必感到訝異，因為在生命中，我們與父母之間的關係，跟其他人是不同的。

然而，也因為有父親和母親，因此對於父母任一方的去世，我們的哀傷經歷也會有所不同。即使父母在極不可能的意外中雙雙喪生，比如車禍或火災，對於他們的死，我們也會因性別、死亡的順序和特別理由，而產生不同的反應，並且觸發不同的感受。

家的連結

父母提供了世界上唯一的地點，這個特殊的地點就叫作「家」，它是一個我們可以回去感受被愛、有所歸屬的地方。在父母心中以及我們的認知裡，這個地方打從我們有生命時就已經存在了，並藉由我們對祖先的緬懷追想而繁盛。無論父母親慈祥與否、細心或粗心、年輕或年邁、健壯或多病、住在家裡或是看護中心，家的感覺依然存在。它是無法假冒的，也不可能被改造。這個獨一無二的地方，就叫作「家」。

這個地方，在父母去世後就蕩然無存了。在許多喪親例子中，無論家的地點在哪裡，不管家中是否曾有任何輝煌過往，那個自己曾經住過的地方往往是回憶中重複出現的場景。而這種深不可測的失落，便是來自於叫作「家」的地方。

假如父母過去是支持你並鼓勵你的，他們的死訊，也讓你失去了再次獲得認可的可能。記得十五年前有一名患者哭訴，當她的母親去世時，她悲嘆說：「再也不會有人像她那麼愛我了！不會再有人跟她一樣，認為我所做的每一件事都是對的。沒有任何人會以我為榮，四處向人誇耀。無論我做什麼決定，都沒有人會站在我這邊了！」

這段話雖然談不上是失去全世界的哭訴，但那是對父母的哀悼。對於珍視這段關係的人而言，這是種損失；而對於曾經鄙視這種存在的人來說，他們的哀傷，是再也沒機會改善彼此關係的一種失落。

從小便與父母分離的子女，雖然對雙親完全沒有印象，但是當聽到父母去世的消息時，仍然會有很深的失落感。他們更意外地發現，原來自己終其一生都在幻想著重建那個所謂的「家」，如今卻因為父母的去世，而永遠無法實現了。

令人難以想像的是，雖然有些人無法忍受父母親的虐待，因自衛而弒親，但是之後他們仍然會有失落的感覺，因為他們明白，心中渴望改善的那段關係已經不可能存在了。

父母與我們之間，大多存在著很複雜的關係，時而愉快、時而憎惡，有時和善、有時卻粗暴。但是當父母離世，那些細節就不再那麼重要了。那個叫作「家」的據點已經不見了，我們所能悲嘆的，只是那種從此再也無法想像的失落。

成年孤兒

The Orphaned Adult

我們都知道，總有一天……

成年人在首度遭遇喪親之痛前，其實對此並非一無所知，我們都知道有一天父母會離世，我們會因而感到悲傷，從此過著沒有他們在身邊的日子。但我們又會假裝天真，儘管知道父母終究會死亡，卻不願也無法去察覺即將面臨的衝擊，就像《綠野仙蹤》裡的桃樂絲能預知到暴風雨過後，事情必定會有截然不同的變化，但是等到風平浪靜後，她依然會感到意外。

有人曾經告訴我，父母去世之後，他彷彿開展了一個全新的人生。事實上，就許多方面而言也正是如此。自從第一次喪親之後，無論自己多麼用心地維持曾經熟悉的家庭型態，一切卻都開始起了變化。例如，就算在相同的地點、以相同的方式慶祝某個節日，感覺就是跟從前不一樣，因為坐在桌旁的每個人都明顯地察覺到，過世的父親或母親已經不再存在了。這種現象不只在某個特定節日會發生，還記得有個朋友告訴我，父親走後，他總是把家庭聚會搞砸，因為每一次他都會大聲哭喊：「自從爸爸去世以後，過節的意義就不一樣了！」雖然他那令人無法忍受的父親已經過世多年。

在首度喪親之後，生命中許多事情都起了轉變，而每一次的衝擊都使我們的哀傷更明顯。打電話回家時，因為沒人接電話而變得有點不自在；買禮物時，也因為名單比以前少，而提醒了我們父親或母親已經不在的事實。幾乎每件事都跟以前不一樣了。

其中一位走了：第一階段成人期的開始

雙親之中，父親或母親的過世，絕對會影響我們與在世的另一位的關係。在這段關係中，哀傷可能會漸漸蔓延開來，也可能會迅速而明確地展現，但也可能會因為這段關係的重新發展而延遲出現。假如雙親同住，當其中一人去世時，哀傷往往被視為是未亡人的專利，未亡人的需求和哀傷將會被擺在第一位。成年子女所扮演的角色是這名寡婦或鰥夫的協助者，而不是主要的喪親者，接下來還要替未亡人父親／母親處理財務問題、居家照顧的安排，以及一些處理不完的事情，所以常聽到有人問：「你爸爸／媽媽（未亡人）現在怎樣？」而不是問：「你好嗎？」

正因為仍然在世的丈夫／妻子重新面對的是沒有配偶的生活，他們會變得對自己極度缺乏認同感，並依賴著子女。而當父親或母親首次帶著新伴侶出席家庭聚會時，也會給其他家族成員奇怪的感覺。

若雙親離婚或分居（這種情況日漸普遍），子女同時與父母雙方維持著關係，那麼其中一位過世，便結束了子女對忠誠的矛盾感及長久以來的複雜拜訪安排。孩子現在總算能與在世的一方或繼父／繼母，發展一種非敵對的新關係型態。

從首度喪親之後，我們便開始了一段獨特的成人時期，一直持續至在世的那一位也去世時。第一次的喪親啟動了某種預期，就像在一陣緊急煞車聲後，緊接著便會聽到汽車碰撞聲一樣，這種不明確的焦慮感若持續太久，會變成低度的沮喪，通常這種情況於存活的父親或母親在世期間，會一直持續著。

雙親都不在了：第二階段成人期的開始

在世的父親或母親也去世後，另一個階段的成人期亦隨之展開。就某種程度而言，二度喪親的衝擊會持續起作用。父母的死亡沒有所謂單純的情況，只是有些人的過世比其他人來得更複雜些。有些父母走得很安詳，面帶微笑地凝視著守在病床旁的親人，子女則含著淚微笑送終。有些父母陷入了數週、甚至數個月的昏迷，消耗了家裡的錢財及家人的耐心。有人在嚥下最後一口氣之前，因極度痛苦而出聲喊叫，對著既害怕又傷心的家人惡言謾罵，還因為疼痛難忍而詛咒專業醫療的無能。有人則在病床上拖了好長一段時間才走，那段期間給了他們和子女機會，分享彼此的回憶。有些人則因為重大疾病而走得很突然，也有人死於可怕的車禍或其他意外事故。

近年來，有的人甚至選擇自殺，而且人數不斷在增加。在這種激烈的情況中，無論父母是自己動手，或是更極端地要求成年子女協助，為人子女所需經歷的哀傷期，都比父母因病過世者更長，也更痛苦；相較之下，父母若因罹患重症過世，子女看待未來是樂觀振作的。

這些附帶的震驚、恐懼、哀傷，以及摻雜了不信任與失落感的情緒，更強化了艾蜜莉·狄金生所謂的「前導期」❸。

我們無法選擇父母什麼時候走，也無法選擇他們是怎麼走的。但通常來說，多一點期待，少一點對死亡的反抗和醜化，留下的人所經歷的哀傷就比較單純。久病以及逐漸衰弱的個案所引發的問題，則與猝死者不同。

---

❸「前導期」原文為「the hour of lead」，出自美國著名女詩人艾蜜莉·狄金生（Emily Dickinson，一八三〇—一八八六）的詩作〈巨痛之後，是一種漠然的感覺〉（After great pain, a formal feeling comes）。

父親：我那來不及的懊悔

在雙親走後，有些情緒一定會徘徊一陣子。以我個人來說，父母去世時，雖然我對他們二人的哀傷表現不一樣，但我還是感受到哀傷徘徊不去。父親走得很突然，動完手術後，他就再也沒有清醒過來。儘管他年事已高，但是在他進手術房時，我怎麼也沒想到會有生命危險，當醫師告訴我，他可能無法從昏迷中清醒時，我真的大吃一驚！我當然希望他不是真的死去，但我不認為這樣昏迷不醒和死亡有什麼差別。

他去世之後，我再度懊悔，因為我不知道他會走得那麼快。我還有很多話想對他說，還有很多問題想問他，但願我能請他多告訴我一些祖父母的情形，以及他小時候都跟兄弟姊妹玩什麼遊戲。即使聊了這些，所得到的回答，我想我還是不會滿意，因為在我的一生中與父親不太親近。雖然我想就算到最後，他也不可能突然對我敞開心房，但我仍然希望有機會再試一次。未能在最後一刻多了解他，留給了我一些未解的疑問。

母親：令我無法面對的罪惡感

和自己同哀傷
回憶，是一切的開始

我母親的死就截然不同了。她與她那年邁的軀殼奮戰許久，經歷了令人卻步的精神與肉體衰退，精神錯亂，身子愈來愈差，似乎正慢慢步向死亡——那幾年，她蹣著孤單而殘酷的步伐，緩緩地由失智走向墳墓。她不斷被醫生以抗生素從死亡邊緣救回來（那時尚未認定這種方法有危險性），並服用防止全身受感染的藥物，雖然那些藥可能更加速了她的死亡。

在她人生最後那一年，有無數次殘酷警訊使我們誤以為她的大限已到。好幾次，我都從會議中被叫去見她的醫師，那段時間我常為此感到困擾。每個月總有好幾個夜晚，我焦急地在醫院急診室外的長廊上踱步，以電話跟孩子們道晚安；這種情形持續了好長一段時間，我都開始以為自己是在為某件事而忍耐，而不是在經歷母親生命即將結束的過程。我不記得當時自己設想過最後的結果，然而如今回想起來，其實那時我已開始一點一點地奢望著，她的衰老永不會有結束的一天。

或許那時我擔心的是，如果沒有給自己設一個情緒的界限，我將無法撐過這種痛苦的考驗。在當時，也許我已經被那種持續性的警訊弄得精疲力盡；也有可能我是害怕所發生的種種情況，正意味著「某件事」的到來。

母親對我來說變得很陌生。我不知如何面對她的日漸衰老，於是我與她的接觸就愈來愈少。一開始，我只是比較不常去探望她；接著，探望她的時間縮短了，到後來，我甚至不再帶她回家吃晚餐，也不再帶孩子們去看她。總而言之，我開始不想承認她是我母親，而把她當成一個需要處理的問題——我只需要去處理，不必付出太多關心。

直到她去世了，我才發覺自己有多愛她！然而，當時我給自己的情緒設限太嚴密，儘管心中滿是對她的想念。我也很遺憾在她最後那段日子，我未能調整自己，好讓她感受到我對她的所有感覺。

後悔曾經做過以及沒有去做的事，似乎是父母親去世後最典型的哀傷表現。雖然我們稱之為「罪惡感」，然而，無論是有機會做得更好卻沒有做，或沒有機會做，對我來說都不只是懊悔而已。

在我岳母最近被一場疾病擊倒後，這種感覺顯得更強烈。她的病雖然不致命，但很嚴重。當我看到妻子和兄弟們，以及我們這些配偶，都如此熱切地照顧這位病重的老太太時，我頓時為了未能替自己的母親多付出一些照顧而懊悔不已。當時，我的岳母望著我說：「為什麼我會生這種病？會不會是因為我沒有照顧好我媽媽而遭此懲罰？」

成年孤兒
The Orphaned Adult

記憶，無所不在

這個世界上，充滿了我們對離去的親人，以及生命中曾失去的種種的懷念。有些是可預期的，像是忌日、生日、節日，或是到喜歡的度假地點。還有些則會潛藏著等待我們：當我們嗅到療養院的氣味時，就會回想起父母還在世時的情景；聽到某首歌時，感覺好像回到了小時候與家人團聚；就連看到某種特定的染髮顏色、嚐到某個特殊的口味或摸到某種獨特的布料時，頓時都可能喚起我們的記憶。就在那一刻，我們會感到哀傷，但不久那種哀傷就又淡去。

碰觸到這些回憶時會激發一種熱切的感覺，與其說哀傷，不如說懷舊，那是哀傷最沉寂的回聲，但不會持續太久。我們很容易會被其他事情分去注意力，可是當再注意到時，我們又會再度因迷惘以及微微的失落，而感到哀傷。

我生長在一個雙語家庭。即使父母已經過世多年了，我仍然很喜歡聽到他們還在世時，常聽的俄國歌曲。幾年前，在一場拍賣會上，我佇足聆聽著隔壁走道上的一段俄語交談，那種感覺就好像回到家一樣的甜蜜，但是之後我也難過了好一陣子。

記憶無所不在。「家」變成了堆積父母遺物的倉庫，就像他們生活在小型博物館裡。我們保留了好幾箱不認識的人的照片，在我們尚未出世前，父母親就已經認識他們了；還有一些是祖父母的照片，爸媽沒丟掉，因為那些照片對他們來說仍然很珍貴。

我們看著一些自己出生前，他們去旅行所買的紀念品，這些東西不斷地牽繫著我們，就像已經變成了我們的一樣。等到日子久了，我們都快要忘掉那些是屬於父母的東西時，它們卻勾起了我們過往的記憶。藉由這些物品，提醒了我們的來處及過去，也讓我們想起了那些曾經認識、愛過，而又失去的人。

哀傷瓦解了過去，又重建了未來

父母親的去世，通常會讓我們感受到內心深處有種前所未有的失落感。也可以說，失去他們就好像失去老師一樣，因為打從我們有生命以來，他們所扮演的角色就有如老師。從我們呱呱墜地的那一刻起，他們就教導我們人生的道理；隨著他們的死，我們也認識了死亡。

父母的死亡讓我們了解到，當摯愛的人離世時，我們便無助地被留置在自己所害怕的現實中，我們的反應就像初次面對生命一樣，有如新生兒驚慌哭叫，像幼兒傷心欲絕地痛哭，也像初學走路的小孩對於挫折的憤怒。

現在問題來了：哀傷有什麼好？這種不愉快的情緒對我們有幫助嗎？當我們面臨這種可怕又不可預知的事情時，是否有什麼意義？或只是痛苦而已？

我相信這種歷程的確有其存在意義。藉由闡明生命的短暫，哀傷會提醒我們去追求生命中的一些重要目標，否則我們可能會天真地以為時間還很長而延遲行動。藉著提醒與我們所愛的人之間連結的可貴，哀傷給了我們機會，讓我們重新檢視生命中的重要順位。在我看來，藉著面對自己所恐懼的事實真相，哀傷也迫使我們去尋找勇氣，或是發現勇氣。

也許更重要的是，我覺得哀傷把我們深深地推入了自己所懼怕的深處，並讓我們知道，其實自己必須去面對。無論我們面對哀傷時的感受如何，也都無法因外力加諸於我們的身體、心理及情感的影響而改變。哀傷的來源，發自於我們的內心。

令人震驚的哀傷，戲劇化地瓦解了我們的生活，就像某個夏日來襲的暴風雨一樣。暴風雨過後，總會有許多東西需要清理，例如老樹被摧毀了、脆弱的建築崩塌了，有些過熱的地點開始冒煙。然而，也像是經歷過暴風雨一樣，哀傷之餘，我們四周的空氣也可能因而再度清新起來，我們會感覺到呼吸比以前順暢，甚至第一次擁有能一眼望向天際的能力。

成長

父親死於我四十一歲那年的冬天。

在他床上掛的是我畫的海鷗，
從畫中約略記起那個夏天，
我為了釣魚線被他船的推進器纏住
而哭泣的情景。

為了襯托他的勇敢表現，
我沒有在醫院哭泣，
但是一想到生活中的一些小細節——
租了一雙太緊的雪靴，
那時的對話彷彿正從走道那頭傳來。

櫻草花開在窗架上，
在一片雪白中映出一絲粉紅，
當時他正握著我的手
還叫我寶貝女兒。

我再也不可能成為任何人的寶貝女兒了。

——派翠西亞．斯高，加州奇諾市

第三章

我的身分到底是什麼？

——直到父母過世了，我們才會真正長大

「我」是誰？

「自我認知」是我們對於自我的綜合概念，每個人都用「我是……」來完成對自己的介紹。

以我而言，我可以說：「我是個心理學者。」沒錯，我就是心理學者，這是對事實狀況的陳述，我自己以及別人對我有此了解。無論我喜不喜歡當心理學

者，也無論我做得好不好，我就是個心理學者。聽到我自己這麼講，我一點也不感到意外或苦惱，因為這是對我的真實描述，也是我所認知到的一面。

「我是成年人」、「我是投票者」、「我是個納稅義務人」、「我有一棟房子，我有費用要繳，也有貸款要付」……還有一些對我的其他描述也都正確，都道出了某些代表我的身分，全屬於「我」的構成要素。

我的宗教信仰、我的婚姻狀況、我的年齡、我如何穿著打扮、我的性別、我對音樂的喜好、我喜歡的電影、我愛不愛吃青花菜……所有的種種都足以描述我是怎樣的人，以及別人如何看我這個人。全部的這些事實加上其他對我的認知，就是構成我說「我是……」的要素。

令人困惑的身分轉變

成為某個人的小孩，是多麼重要的一個事實，因為自此我們有了生命！我們的名字，是我們對自己最確實的認知基礎。每當我們做自我介紹時，都會不經意地說出「我是某某人的小孩」。我們的名字告訴別人：「我是真實的。我與某個家庭有關聯，我有祖先、有傳統，有一個共同生活的團體。」

成年孤兒

The Orphaned Adult

就在父母去世後，我們生平第一次感受到，從此自己不再是某某人的小孩，因為我們的父母已經不在人世了。這個事實的改變，使我們陷入一種認知上迷失及困惑的轉變，大多數的人都會暫時感到有所失落。不管我們是迎上前去或轉身逃離，當燈塔不見了，我們要如何正確地繼續航行呢？我不再是任何人的小孩了。那麼，現在的我又是誰呢？

我是個孤兒？

第一次冒出「我是個孤兒」的念頭時，實在讓我嚇了一跳。處理完母親的後事之後，過了一星期再回到父母的屋子時，這個想法第一次浮現在我腦海中。我會回去那裡，是因為房仲業務員叫我偶爾要去看看那棟房子，但其實我還沒做好準備，不知面對那間房子時會有什麼不一樣的感覺。屋內不再燈火明亮，沒有人從另一個房間出來迎接我回家。電視機安靜地立在那裡。迎面而來不再是熟悉的飯菜香，而僅感覺到一股霉味，以及看到一些舊書及乾木柴。雖然家具仍在，但那個地方卻令人感到空虛。唯一的聲音是我自己的呼吸，只要我屏息，便寂靜無聲。

我整理了門旁堆積的信件。令我印象深刻的是，在父親去世了五年後，仍然有信件及傳單寄來給他，其中有信用卡申請表和房屋修繕貸款申請函，也有來自慈善機關的勸募函。生命似乎得到永恆，我們真該讚美郵政服務。甚至有那麼一瞬間，我被一張招攬我母親的人壽保險傳單中「無需體檢」的申請函所吸引。

我穿梭於每一個房間，指尖劃過家具，在滿是灰塵的表面留下一道道手指劃過的痕跡。我並沒有因而感到比較好過。東西都沒被動過，但是它們看起來就是不一樣。我有點緊張地試坐每一張椅子，打開了每一個衣櫥及抽屜，但裡面的東西我連看都沒看。

通往二樓的陡梯，似乎比想像中來得狹窄了些。我走進了自己以前的房間，這裡早已被改裝成多用途房及客房。在我的老衣櫥中，仍然存放著一些我小時候的玩具和舊衣服，在這裡，我找到了早已變得陌生的「自己的痕跡」。

我靠著牆蹲下來，試著想從原本擺床的角度望向窗外，卻意外地發現了後院裡，那棵我小時候種的樹，幾年下來竟已長成了大樹。

成年孤兒

The Orphaned Adult

我，不再屬於任何人

下樓來到廚房，我習慣性地打開冰箱，裡面擺著母親生病前所放的肉塊和冷凍麵包。我順手各拿出一些，放到小時候全家人吃肉時用的紅色餐桌上，坐了下來。

我盯著那個冷凍三明治，根本毫無食欲。我這是在幹嘛？我一點都不餓！就算覺得餓，誰會去吃冷凍三明治？

那塊肉是誰的？在母親尚未去世前，那是她的，就如同我身邊的所有東西在她生前都是她的一樣。但是現在，那塊肉是誰的？我用的盤子是誰的？這張紅色餐桌又是誰的？我想的並非法律上的繼承問題，我不認為姊妹們會跟我爭奪這些留下來的物品，我只是好奇地想著，這些東西現在不屬於任何人了，那麼，誰能允許我擁有其中的某一部分？

我納悶地想著，什麼東西是在擁有者去世後未被丟棄，而被留下來的？就在這時我聽到了自己的回答：孤兒。

我也像肉塊、盤子，以及其他在我身邊的東西一樣，被留了下來。我不再像小孩理所當然地屬於父母那樣，屬於任何人了。

我已經變成了一個孤兒。

孤兒？

我才不要變成孤兒！《孤雛淚》裡的奧利佛是個孤兒，他乞求：「好心的先生，能不能再給我一些？」那樣才叫孤兒。我怎麼可能是孤兒？我又不是小孩子！

然而，再也不會有任何人稱我為他們的小孩了。也沒有人會來參加我的生日，看著我踏出第一步，聽我說出第一個字，上學的第一天帶我去學校，或是為我鋪地板，當我頭一回借用家裡的車子時緊張萬分。再也沒有人知道我的生活細節及家庭過去的一切，因為我再也不是任何人的小孩了。

肉塊、麵包、盤子、餐桌、餐廳、房子，還有我，再也不屬於任何人。

失去的安全感

我並不特別「覺得」自己像個孤兒，這個用詞，我從與仍在世的父母交惡的人那裡聽到過。我並沒有刻意去感覺自己「像」什麼，我只是感到害怕而已。

但是，這一點卻使人迷惑：為何我要感到害怕？為何我如此莫名地覺得沒

成年孤兒

The Orphaned Adult

有安全感？從青春期開始，我就有能力照顧自己，爸媽已經好久沒有供給我生活、保護我了。事實上，早在六、七年前，他們還要我替他們做決定並打理一切呢！然而即使如此，我還是會感到不安，沒有安全感。

以前我的生活中也曾發生過改變。從一年級升上二年級時，似乎沒什麼特別混亂的感覺。我也一定做好了中學畢業的準備，因為真的畢業時，我並不覺得有什麼意外。後來結了婚、考上駕照，也都不是什麼太特別的轉變。

然而，「我是個孤兒」這件事，與我以往所知的任何改變都不一樣。

一生中，我們對自己的認知不斷地成形、組織、再組織。起初，我們的認知、興趣和喜好，可以說完全受父母的態度、嗜好與傳統所影響；後來到了各個不同的發展階段時，我們的認知、興趣、喜好，則與父母的意見與信仰背道而馳，「我跟他們一樣」，已經被「我跟他們不一樣」所取代。

再後來，通常是已屆成年時，我們有了自己的認知，某些方面與父母一樣，有些地方則與他們截然不同。

在我們成年後，父母親就像汽車的後視鏡一樣，讓我們可以安全地開車上路，每當我們迷路時，只要看一眼鏡子就能了解自己身在何處，並做出正確的選擇。

父母去世時，那種感覺並不是在熟悉的地方找不到那面鏡子，而是從鏡子裡再也看不到任何東西。一個人在不知前路又少了後盾時，該如何走下去呢？缺少了這些，我們要如何完成「我是……」這個句子呢？

從遊戲人間到認真面對：湯姆的認知

我認識一個三十八歲的男人，他叫湯姆。湯姆在三年前失去了雙親。他的父母白頭偕老，住在賓州中部的一個小型工業區中，夫妻倆非常恩愛，為家庭犧牲奉獻，並活躍於社區裡的戲院和教會活動。湯姆是家中最小的孩子，也是唯一的男孩，一頭金髮的他是個好奇寶寶。他兼具藝術與運動天賦，可以用跳舞耍寶和畫有趣的圖畫，贏得全家人歡心，他覺得自己是備受寵愛的。

湯姆的童年是在運動和藝術薰陶下度過的。他對學校的課程不感興趣，但他天資聰穎，所以學業成績不錯，中學畢業後，他進入賓州州立大學，取得了藝術學位。他專修繪畫，但也是個很有天分的漫畫家，有如魔術師般的繪畫技巧使他在學校裡小有名氣。

大學畢業後過了幾年，他與一名姊姊搬到離家鄉約三至四小時車程的城市，

成年孤兒

The Orphaned Adult

並找到了工作，是在一個一流棒球隊裡擔任吉祥物。其後那十年，從春季到秋季之間的每個下午和晚上，他都活躍在球場上帶動氣氛，隨著樂聲狂舞，並且不時地模仿正式球員與敵隊的球員來取悅球迷。高興起來時，他會駕著三輪的ATV沙灘車，高速穿越外野區，有時還會不顧危險地只以二輪駕駛。遇上球員防守得好，他便跳出來表演歡鬧的默劇。有好幾次他還跑到看台區，拿起黑筆，為球迷們畫下有趣又精采的漫畫。

這是他夢想中的工作，但這工作需要體力，有時候在球賽旺季，穿上厚重的道具服跳上跳下後，他會瘦個七公斤。不過，湯姆已經找到方法來展現他的運動才能，以及混合藝術天分及戲劇才華的個人魅力。他非常喜歡這份工作。在他認為，那不過是別人付錢請他扮演幾個小時的可愛小孩罷了。

湯姆並不會受盛名所困。當他不在球場或不用替球隊做宣傳時，便悠閒自在地度過。每年六個月的球賽休息期間，他原本可以用來自由發展人生的其他興趣，但是他並不想。雖然以前念書時曾經對畫畫充滿熱情，但他寧可順著本性，將熱情用在征服愛情上。

他偶爾還是會畫圖，可是那段沒有球賽的空閒時間，他大部分都在家附近的健身房做運動、練習舉重。

有一天，媽媽打電話告訴湯姆，她因為背痛要去住院。一開始，湯姆和姊姊們覺得媽媽可能是小題大作。過去這幾年，她愈來愈常抱怨身體這裡痛那裡痛的，但因為她患有憂鬱症，所以沒有人認為情況真有那麼嚴重。

母親罹癌的青天霹靂

湯姆很喜歡回家，每個禮拜六，他都會去醫院探望媽媽，逗她開心。某個星期六下午，湯姆正在跟媽媽玩紙牌時，媽媽那位滿頭白髮的醫師匆匆走進病房，他的外套飄揚著，彷彿置身於夏日的風中，在他身後跟著一些護理師和醫學院的學生。母親很驕傲地向他們介紹自己出名的兒子。當醫師替媽媽做檢查時，湯姆就到走廊上等候。

他感到很累。雖然說不上來為什麼，但是這次醫師的到來，令他覺得很不對勁。他靠著堅硬的棕色牆壁，閉上眼睛想要休息一下，卻聽到從一旁媽媽的病房裡，隱約傳出了談話聲。

他聽到醫師說：「沒錯，那很痛，但是你記不記得我曾經告訴過你，化療沒辦法阻止癌細胞擴散，只能延緩擴散而已，你還記得嗎？我們已經延緩了八年，可是現在癌細胞已經擴散到骨頭裡了。」

湯姆無法理解自己聽到的是什麼。化療？骨頭？這傢伙到底在胡說什麼？媽媽只是背不好而已！他只知道八年前她動了一次乳房切除手術，但是他和姊姊都聽到醫師保證手術很成功，不會有什麼後遺症。那次之後，沒有人提過癌症復發或化療的事。

醫師一走，倍感恐懼的湯姆立刻走進病房，坐在床邊問母親：「到底是怎麼回事？」就在這時，他父親剛好走進來，聽到結果後，開始哭了起來。

多年來，湯姆的父母一直都擔心癌細胞未被化療徹底消除。事實上早在之前動手術時，癌細胞就已轉移了，只是多次的化療減緩擴散速度，延長了原先醫師預估的存活時間，但是現在看來時日無多了。為了不讓孩子們擔心，這些年來，他們一直瞞著沒說。

湯姆這才知道媽媽抱怨疼痛是有原因的，但他卻因為自己被蒙在鼓裡而生氣。也許爸媽是不想讓兒女知道這個壞消息，但是畢竟湯姆和姊姊都已經長大成人了，不是嗎？湯姆打電話給姊姊們，並在當天晚上把全家人都叫到病房去。

那種場合真是不好受。被這個突來的事件所困的湯姆和姊姊們，除了對於被隱瞞感到受傷和生氣之外，也擔心著媽媽的病況。湯姆的爸媽只是一再地強調他們只想做一對好父母而已。當時，他們只是哭著緊握彼此的手。直到媽媽累了，湯姆和姊姊們回家繼續討論，爸爸則留在醫院陪媽媽。

父親也倒下了

關於媽媽的病情和父母對此事的隱瞞，湯姆和姊姊們一下子實在無法理解。他們決定忘卻傷痛，幫助母親，並協助長久以來獨自承擔這項重擔的父親解脫。但是要如何面對父母仍然把他們當成小孩看？姊弟幾人一直談到深夜。

隔天一早，他們就去找醫師。醫師的看法很不樂觀，預期他們的母親頂多還剩一個月的生命，醫療只能讓她舒服一點，無法給她痊癒的希望。

但是媽媽的表現卻出乎他們意料之外，可能是有孩子陪伴，也可能是頑固的個性使然，她的衰弱並不像預期那麼快。也許因為卸下了背負著祕密的壓力，使她更有力地對抗病魔，兩個月之後，她竟然大有進步，變得更強壯了。

然而，湯姆的爸爸卻因骨癌末期而倒下了！這個重大的人生轉折來得毫無預警，也沒有任何暗示與遮掩。到底是不是多年來隱瞞祕密的壓力導致病情惡化，已經不重要，因為整個世界都已往下陷了。

後來那一個月，湯姆的父母一起住在醫院裡，到最後仍形影不離，就像他們以前的生活一樣。而所有繁瑣的照顧工作及做決定的責任，便落到湯姆和姊姊們身上。湯姆的責任變得重大起來，而不再只是娛樂父母而已。世界從此開始改變了。

成年孤兒
The Orphaned Adult

真正「長大」的開始

一個月內，湯姆的父母相繼過世，媽媽比爸爸晚了一個禮拜才走。湯姆在他們兩人的葬禮獻上溫柔的獻辭，不再耍寶或搞笑。在訴說溫暖的故事來紀念父母的同時，他卻感到無比的失落與迷惘，因為他不斷被一種逐漸增強的感覺分散掉注意力，那種感覺就是：「我是個成年人了。」

那時他才明白，他和姊姊們不但成了家裡所有事務的決策者，同時也是家中成員裡，下一個即將被死神召喚的人選，尤其是到墓園時，看到墳墓旁為了避免憑弔者淋雨所搭蓋的帳篷下，那三張為他們而排放的椅子。

在軍樂隊演奏的喇叭聲中，覆蓋在父親棺木上的旗子摺成了完美的三角形，接著，一名衣著整齊的士兵轉身走向坐在椅子上的湯姆和姊姊們，向他們呈上旗子致敬。湯姆和姊姊們互相對望，不知道該由誰來接下這面榮耀的旗子，最後還是由湯姆站出來接下。他滿是淚痕地環顧四方，心中想著：「這就是長大成人後所得到的。」

他想都沒想過會在沒有父母的指引下，度過那麼難熬的一天。儘管有許多人對他們投以哀傷的微笑，他依然感到無比孤單。

隔天，當他開車上高速公路要回家時，那種孤獨的感覺更是濃濃地籠罩著他。載著貨品或乘客的車子從一旁疾駛而過，那些人絲毫感受不到他生命中剛發生的事件，他開始覺得自己與這個世界脫節了。後來他告訴我：「你可以親近你的手足，但是父母就像是連結在你們之間的陸地。爸媽走了，就好像陸地沉入水中，不見了，你突然被孤立起來，不再附屬於陸地。而我的姊姊們是另一座島嶼。」

唯一能與他分享這種可怕的感覺並能給他撫慰的，只有他的父母。直到多年以後，他依然有股衝動想跟他們分享「爸媽已經不在了」這件可怕的事。他多希望自己能像過去一樣與他們討論事情。他想念他們，以及他們的睿智。

成年孤兒

The Orphaned Adult

不再與陸地相連的島嶼

母親過世後，湯姆開始感到自己不再年輕了。他了解自己已經到了他出生時，父親所達的年紀。也許此時他已經感覺到，自己有一天也會面臨死亡，這是他生平第一次感受到「我終究難免一死」。

父母在世，給人一種「有人會比我先走」的假象。而這個假象與這種有人保護的感覺，隨著父母的去世而消逝無蹤。也正因為意識到生命有限，父母親過世，促使我們重新審視時間的意義。父母仍在世時，時間對我們而言只是「經過的一段歲月」，比如：「我已經活了許多年」、「我已經離開學校許多年了」、「我已經結婚多年了」等等。

但是一旦父母去世，生命短暫的本質瞬間化為事實。我認識一名女士，她的母親四十歲時壽終正寢，於是她不僅察覺到母親去世時還算年輕，並且當自己快要四十歲時，開始想到自己也將面臨死亡的命運。雙親死亡時的年齡，是生命死亡順序的一種強力隱喻，有許多人會據此開始估算自己的可能壽命。

事實上，與還沒到達父母過世時年紀的人相比，活得比父母長壽者更能察覺自己終將一死的感受。一旦這種關於壽命的認知形成了，時間便被認定為「剩餘的歲月」，也就是表面上我們會想到的：「再過幾年我就要退休了」、「我的年紀太大，無法生小孩了」、「不久之後，我得換輛新車了」之類的。這些念頭引發了緊迫和孤立的感覺，而這種感受會使得自己與他人疏離，對事情的看法及想法也有了改變。

我們可能會變得無法與別人相處，就連原先很熟識的人也一樣。有一段時間，我們可能會覺得無法再像以前那樣跟朋友聯絡，維持與他人的接觸變得吃力了。就像德國詩人里爾克筆下主角所說的：「我不再寫信。告訴別人我已經改變有什麼意義？如果我真的改變了，我就不再是從前的我。若果真我不再是從前的自己，很顯然地，我已不再有熟識的人，因此，我也不可能去寫信給陌生人了。」

這種變成陌生人的孤立感，就像湯姆所謂的「一座不再與陸地相連的島嶼」，這正是一種認知發展改變的開端。在父母尚未去世之前，孩子無論年紀大小，至少仍然能透過他們與世上的其他部分相連。而一旦他們不在了，那份緊緊牽繫消失了，遺留下的孩子頓時得面臨一種未曾經歷過的孤獨，生命中的一種新端於焉展開。

成年孤兒
The Orphaned Adult

長大的變化

比一般所預期的時間還短，湯姆從父母的葬禮後就開始改變了。他變得對以往的生活極不滿意，以前那份使他充滿活力的工作，對他來說不再有趣。他辭去了吉祥物的工作，並在住所布置了一間工作室，開始畫大幅的油畫，畫的多半都是以前交往過的美女，他並告訴別人說，他要成為一名自由畫家。

到了那一年的年底，他結識了洛杉磯的經紀人，並贏得了重要的國家級藝術大獎。他在紐約的一間頂尖畫廊舉辦了名為「湯姆的女人」畫展，在這場畫展中，展出了他為模特兒及年輕明星們畫的素描，而那些只不過是一度引起他注意的可愛又複雜的女人而已。

湯姆依然充分展現他獨特的天分，只不過，他開始認真地認定自己是一名藝術家、一個成人，以及一個男人。他還是像以往一樣去健身房運動、和美女約會，並且喜歡像個小孩一樣遊玩，只是對他來說，那些事情的意義已經不一樣了。他開了一個退休存款帳戶，購買電腦設備以發展商業藝術服務，並將作品寄給全國各大藝廊的主管。

湯姆不再只是取悅他人，就像從前當球隊的吉祥物及父母可愛的么兒。他漸漸地褪去戲服，並脫去了小丑的羽毛面具。現在的他，扮演的是他自己，不再有偽裝，成為他真正的自我。

有些朋友認為他不再是以前的湯姆了，有的人則說他終於長大了。由於我們的文化中，不曾正視父母之死對成人所造成的巨大衝擊，所以沒有人會說：「這就是父母去世帶來的影響。」

然而，這正是原因。自我認知與相關行為的改變，通常會隨著父母去世而發生，但是以在世的成年子女認知上來說，這些改變與父母之死沒有太大關聯，就是自然發生了。湯姆沒這麼想過：「嗯，既然爸媽死了，我也該換個工作，認真地替自己著想，我要成為一名藝術家。」事實上，他領悟到是父母去世帶來的變化促使他有所成長，他說：「我想我是長大了。」

對湯姆來說，父母親離世象徵了死亡是確切的，而不只是發生在別人身上的事情。這一點迫使我們面對過去所忽略的重要人生目標。而這些重大的抱負，原本因我們不願面對人生苦短的事實而推遲了，直到我們認知到死亡，這些價值才得以重新受到檢視。決定結婚或離婚是常見的行為之一，還有人決定要生小孩、重回學校讀書、開始為退休後的生活儲蓄，或是像我一樣著手寫書。

然而，父母親的過世不盡然會促成多偉大的改變，有時，一個人的成長會與社會規範背道而馳，而使其他人感到不悅。成長並不意味著一定是進步，也不一定朝著正面發展。形成這種成長是某種契機的「實踐」，代表著一個人得以展現自我。

從壓抑到大膽：派崔克的解放

我的朋友派崔克在快到五十歲的時候，失去了雙親。在父母去世前，他是位十足的紳士，謙恭有禮，衣著保守且十分優雅。他會在太陽穴處染上高雅的灰色，修飾他那梳理整齊並依然顯得年輕的棕髮。他是同志，父母和朋友們也都知道他的性傾向。

派崔克與同事相處融洽，並深獲朋友及鄰居們喜愛。以世俗眼光來看，他擁有令人滿意的成功人生。

一向與他親近的父母住在城市另一端，就在派崔克及兄弟們出生時所住的房子裡，除了他們一家五口之外，兩個獨身的舅舅生前也住在那裡。雖然這對派崔克他們家來說有點負擔，但是兩個舅舅對家庭經濟也小有貢獻，而且在派崔克小時候對他疼愛有加。

當父母年紀漸長，體力比較衰退，派崔克會固定在禮拜天帶他們上教堂，並與他們共進晚餐。他讚美公務員退休的父親，也崇敬擔任護士的母親，由於丈夫的健康狀況惡化，她一直工作到七十四歲才退休。

派崔克與住在城外的兩個兄弟關係不太親密，因為他們對他的同志傾向感到困窘，拒絕承認。

父親死後，派崔克更是掛念母親。他幫母親處理財務，兩個弟弟的人壽儲金及丈夫的人壽保險，使她的財務不虞匱乏。星期天，他會在做完禮拜後，帶母親去拜訪附近的老朋友，還陪她進行了一趟一個半月的愛爾蘭之旅，他們探訪了母親通信許久卻不曾謀面的親戚，並且參觀了祖先移居之地。

這個任務對派崔克來說並不容易，因為母親身體狀況不佳，但是他在整段行程中，始終小心翼翼地耐心侍候母親，從未發脾氣，也不曾因為她行動緩慢及記憶衰退而表現不悅。他不停地想著：「我是個盡心盡力的可愛兒子。」

從愛爾蘭回來後不到一年，派崔克的母親決定賣掉房子，搬到他家附近的一間看護中心。然而，才剛搬入新公寓，她就跌斷了臀骨，並在接合臀骨的手術中去世了。

成年孤兒

The Orphaned Adult

成為自己的主人

有好幾個月的時間，派崔克受哀傷所困。他會在談話間不由自主地放聲大哭。他不斷提到父母親的死，甚至開始談論自己的死亡，還為自己老後預訂了一家養老院。他瘦了很多，甚至必須重買衣服穿。

也正是因為那些新衣服，大家才開始察覺到派崔克的轉變。他一反過去喜歡的柔和色彩及寬鬆衣服，而開始穿起明亮的緊身外衣，然而，那些新衣服較適合比他年輕二十五歲、少個二十幾公斤的人來穿。他穿了耳洞，戴上鑽石耳環，買了一枚流行的「印章戒指」，還買了一輛紅色跑車。他換了一間新房子，以維多利亞式的家具裝潢，鋪上東方色彩的地毯，在天鵝絨壁紙上鑲了一面鏡子，還在他的特大號黃銅床頭板上方，懸掛了一幅大型的裸體男像。

過去，派崔克總是獨自一人去同志夜店，現在他則會帶一些年輕人一起去，大方請客，同伴們也很樂意幫他花掉大把的錢。但是回到家後，他對他們就不感興趣了。

雖然派崔克的父母帶著他信仰天主教，他所受的大學教育也是為神職而準備，但是此時他不再到父母常去的教會，也遠離了那些信仰。他開始加入一個當地的主教派教會，因為在那裡，他比較不會因為未婚及性傾向遭受非議。過去，他是社會進步主義的支持者，當時他對政治是保守的，並且對種族、階級及性別權利也持保守態度。後來，他加入了一個菁英兄弟會，開始結識以前沒機會認識的那些人，過去的他是不可能這麼做的。他出身於終生信奉民主黨的美裔愛爾蘭民主黨家庭（他的父親生前服務於民主黨的行政部門），後來卻向我坦承，他把選票改投給了共和黨。但是派崔克似乎無法坦然面對這些改變，他就像個青少年一樣，在得意與絕望之間擺盪不定，也許他是悲傷地想到：「現在，我是我自己的主人了。」

就在這些改變開始後將近一年，某一天，派崔克不再像往常一樣，到替他和我洗衣服的老太太那兒取回襯衫。這名老太太只是對他留下太多衣服在她狹小的店裡多說了幾句，他竟暴怒說：「你竟敢唸我把東西放在你那裡有多久！你沒權利告訴我要怎麼做，你又不是我媽！」

重新成形的自我認知

人們可能會把這種行為及形式上的改變，歸咎於一種普遍的說法：「中年危機」，或是推測派崔克經歷了所謂由哀傷導致的人格崩潰。但我不這麼認為。

除了父母之死所引發的迷失與感傷之外，還有一種「解放感」。當我們活得比父母還久，我們終於能夠從一些行為的衝突中解放出來。雖然我們摯愛且尊敬的年邁父母加諸的行為限制已不復存在，但是他們的認可依然很重要，於是，我們將那些與父母所想的不同或不被他們接受的內在壓力，以自己獨特的方式表現了出來。

我在想，許多報導裡所謂的「中年危機」，尤其是人們刻意語帶貶義談論的那些例子，或許也是父母過世後，子女在心中重新成形的另一種自我認知。也許可以用這樣的想法加以歸納：「我終於自由了！再也沒有任何人的看法會影響我了！我不用在意別人的想法，就算他們不喜歡我的所作所為又能怎樣呢？難道他們會去告訴我爸媽嗎？」

父母過世這件大事，足以激發一個人的成熟與創意，或是讓自己回歸到那一段未完結的青少年時期。或許父母的過世，對中年人來說就是所謂的中年危機。就某個程度上而言，若一個人到了中年遭遇父母過世，的確會引發他認知上的危機，撇開別的不講，擁有雙親的人，生活確實與父母已過世者不同。而兩者之間的不一樣，關係著成年人如何來完成「我是……」這個句子。

我個人認為，這種轉變其實就是我們剛出生時的情景。我們不情願地從子宮誕生到這個世界，並且被迫脫離那個原先我們所熟悉的環境，去面對一個全然陌生的未來。在成年時期成為孤兒的轉變經驗，讓我體會到出生的慌亂，明白了為何每個嬰兒都是哭著來到這世界的。

老人家有種說法：一個人直到父母過世了，才會真正長大。也許事實正是如此。果實的「成熟」，是在它所依附、賴以滋養的樹枝枯萎後，才完成的。或許人的情況也相同，在父母過世之後，人們才可能找到他們長大後想要成就的一切。

爸爸，我做不到

（懷念我的父親大衛・馬卡斯，一九〇五—一九九一）

那天是星期四，我必須去張貼廣告，
一些不認識你的人會過來看它，
或許有人會買下它。
我則必須去租一輛新車，
免得被人誤以為是
一個嬉皮駕著一輛老爺車四處跑。
我去掉了擋泥板上的鐵鏽，
把你所有的物品堆放在後車廂，
然而，當我開著它去做防霧測試時，
它竟然通過了！
我把你的汽車保險延長了一年。
天啊！爸爸，
我感到無比的興奮，

或許它稱不上古董車，
但是我正開著你那輛道奇老車
並使你在過世十個月後再度復活。

——伊蓮・史克曼，加州核桃溪

第四章 在熟悉的地方見到你

——失去，帶來了深刻的連結

停不了的愛

父母過世之前，我從未想過已逝者對其遺留在身後的摯愛，竟然還能產生如此明顯而持續的影響力。在那段天真歲月裡，我始終認為人生有其一定的道理，宇宙萬物也都受理性所支配，從不覺得情感生活的累積在我們心靈會起什麼作用。我始終認為一旦某人去世了，他就是死了，我們再也無法獲知關於他的任何消息。

聽到別人提起過世的爸媽回來看他時，我一點都不覺得奇怪，只認為他是出於思念或懷念，或是偶爾憶起了過去的某件事、某一段時光。我從來都沒想過，他指的可能是模糊但確實地與父母相見了，彷彿他們還活生生存在似的。

記憶的永恆

還是個小孩時，我就曾見證記憶的永恆。在我成長的社區中，老一輩的人都是移民而來的，包括我父母，他們是在一九三〇年至一九四〇年早期，因為逃避納粹及蘇聯的入侵而遷移至此。事實上，我父母所認識的人都是從別的地方來的。

我們在家裡說的話以及收音機所播放的，不是英語，而是蘇聯、立陶宛、波蘭和匈牙利語。平時總是能嚐到甘藍菜湯的濃濃滋味以及異國的辛辣風味，它們的味道深深沁入了家裡的壁紙和木製家具中，在悶熱的夏日裡，甚至蓋過了爐子上正在煮的食物香味。屋裡裝點得彷彿身處異國：牆上掛著已經褪了色的織錦畫，書架上擺的盡是一些以浮雕裝飾的艱澀舊書，彷彿一碰就會碎掉似的。

成年孤兒
The Orphaned Adult

在遠遠的起居室一角，總是擺著一張小茶几，上面鋪了一條鑲有流蘇的蕾絲桌巾，茶几上擺了許多幅華麗鑲框的黑白照片，在異國背景下，衣著正式的人們神情嚴肅地或坐或站著。照片中的人物以及那些場景，彷彿提醒他們記得自己離開了許久，卻不曾完全放下的「那個地方」。

偶爾，會有半透明的藍色薄信封帶著熟識的地址和異國郵票，從「那個地方」捎來，大家便聚在一起，雖然有些感傷，但仍然以母語急切地讀著信，討論著從家鄉傳來的訊息。

深夜裡的眼淚

記得有一天深夜，媽媽坐在我們廚房裡的紅色餐桌前，拿著一枝原子筆，在一張藍色的半透明薄紙上流暢地書寫著。她把一張鑲了相框的照片放在一旁，不時停下筆來愉快地看著照片，任由淚水滑落臉頰。

他們以一種典型的方式愛著美國：按時繳稅，乖乖去投票，樂於在報紙上讀到多種意見，對於在這個國度所擁有的嶄新而珍貴的自由表達感激，並享有基本人權。姑且不論對祖國堅定不移的忠貞，他們所遠離的家園，正因為政治上的劇烈變動而急速轉變，但他們仍然保存著與那塊土地、親人、風俗、烹調方式、音樂型態、語言以及生活方式的連結。

我仍然記得，自己在他們數說著照片中的某個遠方親戚的故事時，試著讓自己不要顯出不耐煩的樣子。

我感到很困惑，為何一個人可以對美國如此忠誠，同時又深深根植於一個已不存在的時空，那段歲月早已過去，那個地方也早都不在了。我甚至疑惑他們為何要如此生活，同時停留在過去和現在。

從一個小男孩的角度來看這些大人，我就是無法理解所有這些都喚起了他們關於家鄉的回憶，在那裡，他們可以受家中大人的庇護，也找到了天真的歡樂。那個地方，就是他們的家。

那些不可抹滅的痕跡

每一個我喜歡的人以及每一個愛護我的人，都跟我一樣住在同一棟房子裡，我從未想過這種情況會發生改變，也沒想過到頭來不可避免地，我們每一個人都會遠離自己的根。我甚至不曉得離開了那個叫作「家」的地方後，不管是自

成年孤兒

The Orphaned Adult

願或被迫，是為了追逐夢想或逃離夢魘，是邁向下一步或抽離過往，從此都會永遠在心中留下不可抹滅的痕跡。

父母過世之後，我開始明白，終有一天，我們都將變得無「家」可歸。現在的我也跟他們一樣，對於自己有幸在這個變動快速的文化背景及社會中成長，覺得感激，雖然其間我們同樣都經常感到格格不入。而現在我終於懂了，雖然我們無法回到那個家，卻永遠也無法斬斷與那個地方的關係。當我們面臨生命中其他變化的同時，那些我們熟識與深愛的人，依然持續占據著我們的心靈，不時讓我們感覺到，他們仍然與我們同在。

許多走過喪親歷程的人告訴我，不可思議的是，某些事情就是以超越死亡的形式，實際發生了！他們歷歷訴說著，就像是真的與逝者有過接觸。

從消沉到振作：瑞秋和她被冷凍的心

幾年前，我有個叫瑞秋的病人，是一名雕刻家。她前來求助於我，因為她在父親過世後，完全失去了創作的信心，她形容那種感覺就好像被「冷凍」起來了。愈是接近繳交作品的截止期限，那種創作上的滯礙感便愈加嚴重。

有一天，她依約定的時間來看診，坐在那張她經常坐的硬椅子上，問說是否可以告訴我一些詭異的事情。她就是這麼說的，「詭異的事情」。

「詭異？」我問她。

「真的很詭異。」她回答。

「怎麼個詭異法？」我又問。

「好詭異，」她說：「因為太詭異了，我怕你會覺得我瘋了！問題是，我也不確定自己是不是真的瘋了。」

我很清楚她的神智是清醒的，於是我回答：「沒問題，我可以應付瘋狂。」她漾起笑容，靠著椅子而坐。這個反應對我來說很特別，因為我從沒見過她笑，我暗自想著是什麼事情使她有如此的轉變。

當我坐在那裡等著她開口時，注意到她的外表不像平常那樣光鮮整潔，她的手髒髒的，而且頭髮有點散亂，穿著骯髒的工作服。

瑞秋說：「我找了一個承包商，打算讓他改建我的房子。而我自己在三十六小時前，也正努力在做一件約定好的作品。」

我還記得第一次會面時，她告訴過我，過去她有創作上的障礙，但她知道只要動手做一些別的事情，就可以打敗自己的意志消沉，開始工作。她還說：

「比如說要是重新裝修我的房子，我就不會卡住。但是在完成約定的那件工作前，我沒有錢支付房子的整修費。」

爸媽送的生日禮物？

瑞秋站了起來，一邊踱步，一邊開始訴說。

「上禮拜五是我的生日，我想到要是我爸還在世，他會打電話給我，我們會外出散步，聊聊我遇到的這個可怕關卡。於是，我決定來一趟自然之旅，去找尋我的爸爸。我啟程了，並假裝爸爸也與我同行。假裝跟爸爸同行其實並不容易，但我依然穿上他那套老舊的獵裝，開車前往自然保護區，那裡離我住的地方不會太遠，我決定姑且一試。」

她坐回椅子上沉默了一分鐘，注視著她的手，並開始去撥弄手上弄髒的地方。經過一陣寂靜後，她又繼續告訴我，當她到達自然保護區時，停車場內除了被風吹落的紅、黃葉子外，空無一物，四處都是落葉。就在她踏出車子的那一刻，有件奇怪的東西吸引了她的目光，她彎下腰——在她車右側不遠的地上，有四枝玫瑰花莖，附近則散落著玫瑰花瓣！她說，這些花似乎是剛來過的訪客所遺留下來的。

「當我看到那四朵玫瑰時，不禁啜泣了起來。」她說：「你知道嗎？每一次我過生日，我爸都會買四朵玫瑰花給我。那種感覺就像是他在說：『好了，我來了，我可沒忘記你的生日喔！』」

瑞秋在那裡走了好幾個小時，思念著父母，並想到自己目前所面臨的困境。傷心的她回到停車場時，發現了一些先前沒注意到的碎屑散落在車子旁邊。

「這就是我看到的——」她說著，遲疑地從褲子口袋裡拿出一張沾有泥土的深米色紙片，看起來好像是從聖誕卡上撕下來的。在那張紙上，非常清晰地以女性的筆跡寫著：

我們覺得你想要在起居室加一道牆，並將電線管架好上油漆是聰明的決定。何不趁工作之餘把窗台的地板修好？

附上另一張聖誕支票，爸爸多加了一些金額，好讓你有足夠的錢去做想要做的事。

永遠愛你的媽媽

成年孤兒

The Orphaned Adult

我抬起頭。我們彼此對望了一下，然後她繼續說：「你可以想像，當時我是在恍惚中開車回家的。當我到家後，發現郵差剛來過並留下了通知單，要我去郵局領取掛號信。我去了一趟郵局。那封信是爸爸的股票經紀人寄的，他寄來的是一張一萬塊的支票！我原本不知道爸爸買的無息債券已經到期了。」

她輕嘆一聲，雙手在後腦勺交握，拉直了身子，滿足地說：「所以我已經開始整修房子，並且也開始我的工作了。很詭異，對吧？」

我回答：「是很詭異。」

我們花了好一會兒談論她的經歷，彷彿她是以一種無比神祕的方式與父親再度接觸，並再次受到他的協助。瑞秋一點都不熱衷於那種神奇的經歷，她只是困惑著該如何保留住那神奇的一天。

那天我們談了好久，她提到許多關於父親的事情，包括他們父女之間特殊的情感，以及她對於父親在她往後生命中扮演的重要角色有多訝異。我向她解釋，那種特殊的經歷並不是每個人都會有，通常是喪親的人會遇到類似情境。在她的故事中，是一些無生命的物體在奇特的地點被發現了，並且被解釋成親人捎來的訊息。有的時候，則是某種動物會出現異常行為，或是有隻蝴蝶飛越過墓地，短暫停留在牧師肩膀上，還有一隻老鷹盤旋並發出尖銳啼鳴等……就哀悼的一方看來，這些都可能代表著已故親人回來的象徵。

我們一起探討著這種「詭異」事件的事實基礎。我告訴她，我知道那些情境並非只有針對父母的死亡才會發生，因為我自己也曾有過類似經驗，那跟我父母過世無關，而是關係到另一次重大的失去——就是我姊姊的死。

神祕的綠色螳螂

時間回到一九九一年，在一個最熱的夏天裡，最熱的那個月的某個週日，那天，我還在工作，一如往常扮演著心理學家。我有患者約診，並且約了滿滿的一天。在每一次的會談結束後，我都會與他們道別，然後等他們離開後，到走廊把門關上，回到我的桌子後，將會談的內容做筆記、記錄好，接著再到等候室叫下一名患者。同樣的動作，那天我已經做了好幾次，沒有什麼特別的情況發生。

到了十一點時，等候室裡坐著一對中年夫妻，那是他們因為婚姻問題第三次與我會面。前兩次，他們分坐房間兩端，兩眼無神地看著彼此，但是這次他們卻緊臨而坐，顯然是被房內另一個角落的某種東西嚇到了。我朝他們盯著看的方向望去，看見一隻至少長二十幾公分的螢光綠色螳螂，安靜地停留在一本雜誌上面。

我以前也見過螳螂，但是過去看到的是棕綠色的，才十多公分長，並棲息於林木中，而不是現身在二十層高辦公大樓的等候室裡。

我先請那對夫妻到裡面去，然後再想辦法看該如何處理這名不速之客。我小心翼翼地緩緩拿起牠所停留的那本雜誌，走向走廊的另一頭，對於下一步該怎麼做毫無頭緒。

平時我對昆蟲沒有什麼興趣，這時卻被迫要注視著那個龐然大物，我把雜誌拿高至眼前，看著那隻大螳螂，牠似乎也在回看著我。我的眼睛對著那對複眼大約有一分鐘，突然熟悉的「叮」一聲，旁邊的電梯門沒人按卻打開了，至少不是我按的。那隻螳螂跳進了電梯裡，依附在內側的扶手上，電梯門關上那一刻，牠回望了我一眼。接著我回過神來，拍拍手上的灰塵，就像剛完成一件任務一樣，然後再度回到辦公室裡，重新投入複雜的工作。當時，這個突如其來的狀況並未占去我太多時間思考。

第四章

在熟悉的地方見到你

失去，帶來了深刻的連結

是姊姊來看我？

五天後的星期天，我一如往常地打電話要跟姊姊聊天，她卻沒有接電話。一整天下來，我在她的答錄機裡留了無數通留言，她都沒有回電。我知道她沒有出城，因為我們從未沒通知對方就出門。我想不到她可能會去了哪裡。

由於她一個人住，所以我開始有點擔心。我並不是個很容易擔心的人，但是姊姊那麼久沒有跟我聯絡，的確很不尋常，於是我打電話給她的房東太太。她告訴我說，她也有好幾天沒有看到我姊姊了，我開始害怕是不是出了什麼事。最後，我只好打電話給警察局，請他們帶我去一窺究竟。當我們進到她的公寓時，發現她穿著睡袍躺在床上——死了。東西都沒有被弄亂，看起來她是安詳地在睡夢中過世，驗屍官估計她已死亡大約五天。

當時，我感到震驚、困惑、害怕又哀傷。我當然會有這種反應，因為這整件事實在太不可思議了！我難以想像在未來的日子裡，少了姊姊作伴會怎麼樣。父母過世後，我們是如此的親近。我無法相信她已經走了！她走得那麼意外，甚至連道別都沒有。

後來，我想起了那隻螳螂。

成年孤兒

The Orphaned Adult

我沒辦法把姊姊和昆蟲聯想在一起，那時在等候室裡發生的事，沒能讓我想到與她有關，我甚至不知道她已經過世了。然而，當我一想起那時的情景，頓時明白了，那天在等候室外走廊上與我目光接觸的，是姊姊！那天早上，她是去向我道別的。我笑著想到我那與眾不同的姊姊，竟然會選擇以一隻色彩豔麗的超巨大昆蟲，來當作她華麗的告別。

多年來，我聽過許多類似的「詭異」故事，都是由遭逢喪親之痛的人說出的。我覺得我有權利告訴他們，他們的遭遇不容易言傳，因此通常無法與別人分享。正因為我們不會跟他人分享這類故事，所以我們便認為自己的經驗很特殊，我們只是獨自承受，並認定那是自己所擁有的祕密，同時也為自己認知到的深感困窘，因為我們曾經與已離開這個世界的親人會面。

那天，跟瑞秋談了許久，我們因為分享了彼此的經歷而倍感親近。幾個月之後，我收到她寄來的一個小型螳螂雕像，上面寫著「謝謝」。

帶來慰藉的夢

將類似的經驗形容為「詭異」，其實用得很精準。「詭異」這個字，是由

在熟悉的地方見到你
失去，帶來了深刻的連結

蘇格蘭古老的盎格魯撒克遜族的這個字：「wyrd」衍生而來，意思就是「宿命」，代表了主宰人類命運的三位希臘羅馬女神。我想這些詭異的現象也許正是命運的提醒，告訴我們，命運是受外力所決定，而非我們能力所及，也不是我們能去了解的。也許這些現象所代表的意義是，建議我們接受因神祕力量而生的任何狀況，當我們害怕或心碎時，相信它們會帶來慰藉，而不是在還沒搞清楚狀況以前，勉強找一些方法讓自己理解。

有時候，父母不是從「那個地方」給我們捎來訊息，而是真真切切地來看我們，通常會在我們入睡時前來，他們會出現在我們的夢中，並且與我們交談。經常可聽到喪親的人描述類似夢境，這種間接的象徵性造訪也同樣很詭異。作夢的人通常會感到很困惑，因為他們所夢到的父母比記憶中年輕又健康，但他們同時也在夢境中明白父母已經過世的事實。

三十歲的研究生寶琳，在二十五歲時，父親繼母親之後去世了。她敘述著她的夢：

我作了一個夢。夢中，當我經過電話時，它竟然響了，於是我拿起了話筒。電話那頭是我爸，他的聲音清晰得就像站在我的床邊跟我說話一樣。

他說：「哈囉，寶琳。」我則問：「爸，你怎麼會打電話給我？」他回答：「哦，我剛好在附近，剛好在附近。」我又問：「什麼意思？你剛好在附近？」他說：「我是在附近沒錯。聽我說，我需要一個面具。你還記得我們玩曲棍球遊戲時，你戴的那個面具嗎？」我說：「我玩曲棍球遊戲時沒有戴什麼面具啊！」他說：「你應該有戴才對。我到哪裡可以找到那種面具？」我說：「也許運動器材店可以買到。但你為什麼要那種面具呢？」他回答：「我想去看你奶奶，可是我不想讓她認出我。」聽起來有道理，因為我們沒讓奶奶知道爸爸過世了。我告訴他：「爸爸，我想見你。」他說：「你沒辦法看到我，寶琳，你只能知道我就在你附近。」我感覺到他吻了我一下，於是我醒了過來。這就是我所作的夢。

從此以後，他的精神總是存在於我的生活中。無論我在哪裡，他都跟我到哪裡。

我也作過類似的夢，但是不像她的夢那麼清晰。有天一大清早我很激動地醒來，因為我夢到了我父母。我不記得夢中的細節，只記得自己哭著說：「不要又來一次！」

我驚醒了過來，擔心是不是有可怕的事情要發生了，想著我得盡快去父母的墳前。當時這些對我沒有任何意義，但我就是毫無疑問地接受了。

於是，我取消了原本的計畫，那天下班後，急急地趕到城市另一頭的墓園。到了那裡，我並不知道自己要找什麼或可以找到什麼。在走道盡頭的樹下停好車後，我跳下車子，引擎仍然開著，我迅速跑到他們的墳前，看到他們的墓碑後才確定沒什麼不對勁。接著，我想起了使我驚醒的畫面：那時有點暗，刻有他們姓名的墓碑被推倒在新鮮的泥土上，墳墓被打開來，裡面空無一物。這個夢嚇了我一跳，因為很顯然地，它引發了我父母會從墳墓中逃脫的恐怖可能性。那種感覺就好像他們根本沒死，而我要再一次失去他們，這就是為什麼當我醒來時，耳邊仍然迴盪著這句話：「不要又來一次！」

直到這時候，我才放聲笑出來，因為我鬆了一口氣，並且很高興父母仍然像他們還在世時一樣，督促我自己去探究真相。就拿這個例子來說，他們讓我明白我的哀傷無法停止，但是失去他們卻已成定局。

死別的夢境，或許是用來讓喪親者安心，使其不必再重複經歷失去親人的傷痛。也許夢境代表了我們的某種深層渴望，期盼自己不必受制於無情的現實。不管夢境的作用是什麼，它們始終是鮮明、有力且令人感嘆的。曾經作過那種夢的人告訴我，他們好像是與「那個地方」有過接觸，而父母似乎也曾短暫地回到他們的生活中。

與這些影響共處

與過世的父母產生交流與連結，不限於作夢或他們象徵性的造訪。有人告訴我，因為一些不可思議的事情發生，使他們親身體會到父母的介入。

有個朋友在聊到這一點時，脫口說出：「感謝我的爸媽。」因為原來根據天氣預報，她要結婚的那個週末會一直下雨，可是到了星期五晚上，雨忽然停了。

也有人告訴我，他們與死去的父母繼續對話。原本習慣每天和父母分享見聞的人會發現，即使他們過世了，自己仍然天天都把發生的事說給他們聽。他們表示，那種感覺就好像真實的對話，過程中有意見的交流，還有看法的分享。

還有人可以跟過世已久的父母進行情感豐富的生動對話。關於這一點，目前似乎仍有爭議。

父母持續介入我們的生活，或許對我們有所幫助，但也可能產生問題。這樣的介入，可能會持續帶來對我們有幫助的正面意義，但也可能會阻礙到我們往後的成長，畢竟父母在世時，我們之間有著許多令人滿意或不滿的日常互動，有些時候父母對我們好，有時卻不是如此；有時他們慷慨大方，有時卻不然；我們有時喜歡他們，有時則否。為何我們不讓這些影響因素適時出現，使其在父母過世後繼續發揮作用呢？

重新創造美好的記憶

我注意到人們有時候會以不同的方式，來解決自己在這份繼續延續的親子關係中的疑惑或困難，藉由重新面對、重新創造，維持一種親子之間的單純假象。

有些人銘記對已過世父母的回憶，只記得他們的慈愛與親切，就像我的一個朋友，她依然記得她那慈祥的爸爸在她要去上大學時，帶她到自己有可觀存款的銀行中，為她開立生平第一個支票帳戶的情景。她驕傲地重述爸爸對銀行行員說的話：「她永遠都不必付手續費，了解嗎？」

然而，早在好幾年前，我所聽到的說法卻完全不一樣！我認識這個朋友很久了，就我記憶所及，她曾經抱怨在自己的成長過程中，那位成功的企業家父親是如何操控她，印象特別深刻的是，她抱怨爸爸甚至不肯讓她在十八歲上大學那年，擁有一個自己專屬的銀行帳戶。很久以前她曾告訴我，當爸爸大搖大擺地帶著怯生生的她踏入銀行大門那天，她感到無比羞愧，她爸爸在銀行經理的桌上一拍，加上吹牛一番，她的第一個銀行帳戶就辦妥了。

隨著時間過去，以及她對一位慈祥父親的渴望，莽撞的爸爸竟變成了一名英雄，而她自己也從一個受驚的小孩，變成了備受寵愛的女兒。

選擇保留負面的記憶

相反地，我也聽過有人詆毀死去的父母，選擇性地保留對父母的負面印象，我的朋友瑪莉便是其中之一。五十歲的她是一名專業音樂家，獨力撫養兩個女兒。她的語調及行為舉止總是顯得優雅而冷靜，那種「冷靜」的人格特質，就像在昂貴的高級餐廳內所演奏的爵士樂一樣。我們認識好久了。她在父親過世十年後，遭遇喪母之痛，我眼看她經歷了兩次喪親之痛，她也參與了我的喪親過程，我們分享了彼此的悲痛，友誼變得更深厚。

母親過世後，瑪莉和姊妹們意外發現，回家奔喪那兩天對她們來說竟是那麼容易度過。她們的母親定居在此有好長一段時間了，所以有許多鄰居和朋友來參加葬禮。瑪莉和姊妹們早就不住在家鄉，於是她們趁機去看了一些很久沒見的老朋友，順便聽聽鎮上的閒話家常。

儀式開始的那天，一切好像很平順，直到瑪莉走進教堂，看到母親那具華麗的棺木被裝飾得花團錦簇，放置在教堂前面。她告訴我：「就在那一刻，我的身體迸發出一種痛苦，那種痛楚就像生小孩一樣。我覺得自己像是被掃入了一條巨大的熔岩河流中，感到非常無助，我快被這種痛苦擊倒了。但那種感覺只存在了一瞬間，接著，彷彿那條在我心裡融化的河流撞到了冰冷的海水，於是我的心變成了石頭。」

那種感覺來得快，也去得快。瑪莉及時調整自己，深吸了一口氣，以穩定的步伐走向盡頭有著紅色靠墊的前排座位，坐定下來，聆聽由管樂器中傳出熟悉的美妙聖歌，那是她在少女時期經常演奏的，突然，她感到很氣憤。

就從那一刻起，直到接下來的許多年，只要想到父母，瑪莉的記憶盡是冷酷、生氣，以及不可原諒的怨恨。一逮到機會，她便殘酷地細數母親的每一個失敗和缺點，覺得母親需索無度，把自己裹在傷害和憤怒的保護層中。她責備爸爸沒能好好保護媽媽，使她免受殘酷的折磨，並眼睜睜地看著她受苦。

成年孤兒
The Orphaned Adult

最近她告訴我：「我把他們所有的過錯都用放大鏡來檢視，包括他們每一個錯誤的行為、每一個罪行。而我自己仍處於憤怒之中。」

她繼續說：「過沒多久我便明白，即使我那麼生氣，身邊環繞著的竟然都是媽媽的東西。她的畫掛在我的牆上，她的窗帘掛在我的窗戶上，她的睡袍在我的衣櫥裡，她的香料袋也躺在我的抽屜中。我穿她的衣服，那些衣服我雖然不喜歡，但也穿了一年左右。現在回想起來，很顯然地，除了我那冷酷無情的憤怒和不可原諒之外，我是盡可能地想把媽媽與我的生活連在一起，我把自己用她的東西包裝起來。我並非氣她有缺陷。我氣的是她離開了我。」

珍惜父母的人這麼做，是以此建立過去父母所給的支持和鍾愛，而那些，現在都不存在了。至於詆毀父母的人之所以這麼做，只是用來幫助他們在失去父母的情況下繼續人生，畢竟面對父母的愛，令他們痛苦不堪。

無論好壞，都無比珍貴

我們對父母的印象可能會因需要而改變，也可能因記憶消退而不同，但是無論如何，這些都是很珍貴的。我對父親最喜愛的印象之一來自一張照片，那是二十多年前拍的，照片中，我們兩人並坐在起居室的皮沙發上。他當時牽著我的女兒，那時她還不滿一歲，就站在他的右腿旁，張大嘴看著他。由於她的身體忽然歪了一下，所以他一手扶著她，另一手則指向鏡頭，試著要孫女看鏡頭那邊，而不要看著他。

我女兒現在已經二十好幾了，看起來跟照片中的樣子截然不同。她已婚，是一名研究生，正獨立走向她自己的成人階段。她自己做決定並照顧自己，沒有從我這裡得到任何幫助。而當時拍那張照片時，她甚至連站都無法站好。

我也跟照片中不一樣了。現在的我，臉上增加了一些線條和皺紋，不再像那張照片有著平滑的皮膚。我的頭髮少了，大部分是灰色的。我的身體不像從前那樣健康，而且我也得戴上眼鏡了，老花眼鏡。

如今，當我閉上眼睛想像著女兒和我時，看到的不再是那張舊照片中的小女孩及年輕人，而是一個漂亮的年輕女子和一個中年男人在女子婚禮上拍的合照，現在我的客廳裡掛的就是這張照片。

然而，當我閉上眼睛想著爸爸的影像時，我看到的還是照片中的他——他那頭帶波浪的灰色短整髮齊往後梳，繫著一條曾經流行的領帶，眼睛旁邊則帶著深深的笑紋。在我心中，他一點都沒有變老。當我想像著他走路的樣子時，他就像當時一樣；而想到他與我說話的情形時，聽起來就如同當時他對我講話一樣。

有時候我不禁懷疑，我爸爸如果還在世，對我現在所做的努力會有什麼看法？他會感到高興，或是他會認為愚蠢？那個引起我疑問的爸爸，就是在照片中扶著我女兒的人。那個人就是我跟他說話，而且會對我的生活感興趣的人。

假如我的父親仍然在世，已經有一百多歲了，他看起來肯定會跟以前不一樣。他的記憶力和注意力可能會有相當程度的損失，他的行動和聲音當然也會有所改變，也許他對我人生中複雜的新發展不會感興趣。但是在我心中的父親，仍然緊密地與我的生活結合在一起，他對我的建議，也不曾因為他的離世而有絲毫變化。

愛的烙印

在我心中，依然保有許多對父親及母親的印象，那些記憶屬於我，是父母留給我的。那張有我父親、我女兒與我的照片也是其中之一，就像以前放在起居室桌上的那些古老家族照片一樣，都成了父母遺留的回憶。那些照片，以及後

在熟悉的地方見到你

失去，帶來了深刻的連結

來加上的一些我所愛的人的照片，如今都掛在我家客廳的牆壁上，照片的擺設從左至右，或自上到下，就好像是從一個世代到下一個世代一樣。每當佇足凝望那一張張靜止的臉龐，那種吸引力總是令我感到訝異。他們，連結了我的過去和未來。

所有喪親者的心中都有這樣的身影，或許那會隨著時間而變得模糊，又或者我們會將其活化、重新整理或視而不見，就看我們想怎麼做。我們可以用自己能記得的方式保留，或是重新安排成自己希望的樣子，也可以把他們加框裝飾起來，使其從平淡變絢爛，從僵硬變生動，由無邊際而至有限度。我們可以改變他們的形貌，進而也改變了其所代表的意涵。

但是我們卻無法讓他們消失。他們從來都不曾離開。

因為他們，就是我們自己。

就像樹木在每一個季節創造出新生命一樣，樹幹上會烙下一層層的紋路。我們所愛以及愛我們的人，都烙印在我們的生活中，無法拭除。

我們之所以成為我們，以及我們就是我們，正是那些身影在我們心中形成的永恆存在。

成年孤兒

The Orphaned Adult

與永恆連結

我一點都不想回到過去，因為那個時空已不復存在了，但是，我仍然永遠與我的過去連結著，在照片、想像、回憶與故人的來訪之中，甚至是我的孩子們不經意比出的某個微妙手勢，那都是我所熟悉的——我父母的形影不時出現，彷彿是從「那個地方」意外捎來的信，使我回到那處哀傷的時空，就像我在此時此刻所感到的哀傷一樣。

我試著想將增長的智慧傳給自己的孩子們。每當我又要開講某些掛在客廳牆上的遠親故事時，很清楚地在他們臉上看到那種禮貌性地想要專心聽講，卻又一種放空的表情。其實我也不想得到他們注意，我知道他們可能仍然認為人生就是那麼回事，而宇宙也是由某些真理所支配。

或許再過不久，當我去世後，他們也會無預期地經歷到我回來探望他們，也許那時，我也會出現在他們的夢境中。

他們有可能會透過一些動物或其他無法解釋的行為，感覺到我的存在。

甚至某天早晨，他們會從鏡子裡看到我正以疲倦的眼神看著他們，而那其實是來自他們內心深處的反射。

第四章

在熟悉的地方見到你

失去，帶來了深刻的連結

當那一天真的到來，他們已開始動身找尋自己與過去的關聯，並收集父母所遺留的種種了，那可以提醒他們憶起曾經所處的時空，只不過，那段時光已不復存在了。

結果

嚥下你的最後一口氣，
引來的卻是銀行家對你口袋中錢財的爭奪。
接著會計師會對你老婆的鑽戒細細地審視，
卻計算著你兒子所唱的歌一文不值，
然後又像隻貪婪的海鷗，
在你的車庫以及花園的倉庫垃圾堆中極力搜索。
你那不滿足的兄弟們則扯裂了你的沙發椅，
想要從皮革中發現從前的西班牙金幣，
希望能找到一些被遺忘許久的借款。
在連續九天的禱告儀式中，
他們盯視著你的子女
只被其間的阿門聲所打斷。
時間流逝，
然而他們全都如此的愚笨而無法推敲出，
你唯一留下能被分配的

只是你的灰燼。

——凱瑟琳．威菈，科羅拉多州科林斯堡

第五章

為何是現在？

——愛與婚姻、朋友、家庭，變得不一樣了

兒時的經驗影響至深

生命的開始，是以胎兒的型態附著於母親的子宮中，那就是我們的第一層關係。那種方式雖說算不上是交互影響，卻是十分自由而重要的一種聯繫。我們仰賴臍帶給我們養分和氧氣，並且在一個溫暖又安全的袋子裡生長。這就是我們首度擁有的人與人之間的接觸，由父母提供，而我們得以生存。

長期以來，手足、朋友、老師以及其他人，對我們的興趣、態度與行為所造成的影響，比父母帶來的影響更大，尤其在青春期，會影響我們怎麼做事、如何穿著打扮。然而，我們對於一段關係的認知和期待，以及我們如何參與其中，都深受兒時父母的對待方式而定。假如我們感受到尊重與關愛，便會認為人們就該這樣對待我們，而我們也該如此回應。若是遭到漠不關心、殘酷無情或不聞不問地對待，我們也會這麼對待別人。

一切從這裡開始

父母奠定了我們往後所有關係的基礎，包括愛與信任，以及與他人建立友誼的能力和篤定。

舉例來說，我的父母認為「榮譽」遠高於其他任何關係。他們極端有原則，並且一絲不苟。如果他們要做什麼事情，就一定會做；要是他們不想做某件事，那就根本沒得談。若我爸爸發現收銀員多找了他幾塊錢，他會開上好幾公里的路去還錢。在我還小時，我認為做人就應該像那樣，而我也一直是如此。我沒說過謊話，並不因為我是個正直的人而做出正確的選擇，而是我真的沒有

成年孤兒

The Orphaned Adult

其他選擇。

生平第一次被人家指控不誠實，發生在我小學一年級參加學校辯論賽時。我真是嚇了一跳，不是因為別人那麼看我，而是因為別人竟然有那種想法。

現在我是成年人了，我終於明白，別人不可能像我的父母那樣正直，我也學會了在正當情況下的粉飾技巧。但是我依然認定，當我就事論事時，別人也會如此。

我們與父母之間不只是一種最初的家人關係，對於我們日後經歷的許多關係來說，也有著很重要的參考價值。小時候在家與父母相處的情形，可能是一段溫馨的懷舊回憶、一種可供複製並永存不變的珍貴模式，也可能是很恐怖、可怕，讓人想不計一切逃避的狀況，又或者是介於兩者之間。但是無論如何，那終究是我們起步之處，也是我們用以建立人際關係的基礎。

父母過世之後，會有什麼不同呢？是不是那個基礎就不見了？父母走後，我們的生活就起了變化，這種變化經常會反映在人際關係上。父母的死亡立刻會改變我們看事情的角度，以及我們對待愛人、朋友、子女和兄弟姊妹的方式。

有時這些改變很大，有時卻很小，有時候改變小到甚至沒有辦法察覺到。然而，無論改變有多麼細微，都會導致我們日後的人生路持續發生變化。

愛與婚姻的變化

一九八〇年秋天，一個繁忙的星期六下午，我去醫院探望父親。前一天，他剛動完手術。我到病房時，他正在睡覺，我想還是讓他繼續休息，便先去吃個午餐。

當時真是我生命中的一段苦難時光。因為就在那一年春天，我的母親受到診斷不出病因的疾病纏身，頻頻進出醫院。這種不知名的病，逐漸奪去了她的平衡能力，使她的眼神無法集中，除此之外，她的記憶力與神智也不再清楚。我們都很擔心她，但是父親又突然病倒了，而且還得開刀。當時的情況真的有點混亂。趁著還吃得下，我決定先去吃點東西。

突如其來的衝擊

就在前往咖啡廳的路上，我遇見了父親的醫師。他在滿是血壓計和食物餐車的走道上攔住我，握著我的手臂告訴我，我的父親，可能再也無法從昏睡狀態中甦醒。

我實在難以形容這個可怕的消息帶來的衝擊！我的身體變得沉重而冰冷，我的眼睛、嘴巴都乾了，頭皮麻了，我感到混亂，不知所措，我想閉上眼睛、想逃走、想縮起身子，想要聲嘶力竭地大叫，或是抓住醫師不停搖晃他，直到他承認他錯了為止。

逃離醫院

那些行為，我一個都沒做。我只是走回父親的病房，陷進一張緊臨著機器的椅子裡，那台機器正悲嘆地咔嗒作響，把點滴注入他體內。我在那裡坐了好一會兒，看著那個瘦削的男人，他只剩一點點像我所認識的父親。

我的父親年紀是挺大了，但是此刻躺在那裡的人卻更像個老人。這個人不像我父親一樣總是把鬍子刮得很乾淨，頭髮梳理得很光整，也不像他總是穿著乾淨的白襯衫，打上領帶。而我的父親，則說什麼也不像留著短硬鬍髭、穿著簡陋病人袍而露出瘦削肩膀的這個人。

他的肩膀是那麼的瘦，看起來就像是納粹集中營照片裡的人一樣（就在我父母抵達美國一年後，我們大部分的親人都死於集中營）。我幫他把薄薄的睡衣拉上肩膀。

「獲得赦免卻難逃一死，就像是這樣。」我心想，看看他那曾經英挺的鼻梁，現在卻只剩下兩個鼻孔和一個突起的部位。

我在那裡坐了好久，試著理出頭緒，卻精神恍惚，無法專注。我的思緒無法待在那個房間，不管是這份思緒或是我自己，都不想待在那裡。

我想要告訴某個人，我父親就快死了！我必須回家去。

為何是現在？

我和妻子在家門口會合後，一起安靜地走進了客廳。我們結婚十一年了，有兩個孩子。我們的婚姻就跟大部分認識的人一樣，有許多的起起落落。沒錯，最近我們是處於低潮期，甚至想要分居一陣子，尤其是在我母親生病後，我們之間的壓力也明顯增強，但是我們不斷告訴自己，婚姻就是要在艱難的時刻，緊緊地守在一起。

我整個人癱在沙發上。她坐在客廳中央那張大型圓咖啡桌的另一頭，盤著腿。我開口告訴她我不知所措的一天，但是她卻舉起手來阻止我說下去。她溫

成年孤兒

The Orphaned Adult

柔而不慌不忙地，眼睛瞄向地板，發出了那令人希望破滅的宣言：她無法繼續跟我在一起了。

我停止了呼吸，心想：「為何是現在？」

我從沙發上彈起來，開始踱步，手指頭在背後交錯，就像我父親生氣時所做的那樣。為何要挑這個時候？她明明曉得家裡有事情，她知道我父親的情況不佳，我母親的狀況也不好。

「為何是現在？」我抗議著坐回了椅子，希望她能厚道一點。我們一直都告訴自己，當有不如意的事情發生時，我們可以互相扶持。

很好，真可惡，現在我的問題來了。

「為什麼要現在？」我大喊著，又從椅子上跳起來開始踱步。我認為父母親會年老、生病、過世，那種不幸每個人都得承受。但是我的婚姻呢？那種感覺就好像被出賣了！

我頭痛欲裂，根本無法思考。

「為何是現在？為何是現在？」我不由自主地不斷提出這個問題，比面對人生中其他危機時發出的疑問還要多。

她沒有回答，只是聳聳肩，慢慢地搖了搖頭——「沒有」什麼好說的，「沒有」改進的方法，「沒有」意義再繼續這個話題。

她站了起來，拿起走進屋裡時順手帶來卻沒喝的飲料，就這麼走出去。經過這麼多年之後，她依然沒有給我回答。

我始終都不知道答案。但是就從那個時候開始，我學到了許多當人們失去父母時，所可能遭遇到的問題。然而，最令我感興趣及意想不到的是，家裡發生了死亡事件，特別是父母的過世，可能是夫妻失和的一個主要原因。許多有經驗的心理治療師和婚姻顧問都知道，在初期的面談中要詢問雙方，最近家中是否有人過世。

然而，就算認清了事實，也無法平撫我失去婚姻的傷痛，畢竟我們都不願意去了解我們自己是多麼的平凡，尤其是當我們身心受折磨的時候。

誓約出現裂痕

一旦壓力來襲，我們便能明白一切是否處理得當。靠著一張桌子看它是否會搖搖晃晃，可以看出桌子的接縫處是否完好地黏結。坐在一張椅子上，若搖出嘎嘎聲，便可知道椅子的每一個接片是否緊密套合。拉扯一塊布料，也可以檢視所用的絲線及織法的緊密度。把壓力加諸於婚姻中，看看會有什麼狀況，夫妻雙方的關係便就此現形。

婚姻關係不可能永遠保持平衡，必須不斷經過調整與修正。若想要白首偕老，夫妻雙方必須互相合作，施受與共。我的婚姻很顯然已失去了平衡，因而再也禁不起我父母患病所加諸的壓力。

當然，還有許多因素會對我們的感情引發衝擊，例如經濟拮据、小孩的問題、生病、換工作……所有的轉捩點和危機都會影響到彼此的感情，可能讓我們更加緊密結合，也可能會從此分道揚鑣。但是父母的過世，帶來的是一種必須承受的獨特壓力。

結婚是因為兩人心意相通，夫妻雙方的人生計畫與夢想的藍圖，也必然來自於彼此的家庭，畢竟父母相處的情形，是我們長大後感情世界主要的學習來源，建立了我們關於愛的認知。

若我們認為父母的方式值得讚賞，便會努力仿效；若覺得他們的模式不好，我們可能會發誓絕不重蹈覆轍。無論選擇哪一種，都來自於我們關於父母相處情形的認知。

因父母過世而生的獨特壓力

父母過世，有時會使我們的想法與所定的目標產生變化，也才得以第一次認清自己的婚姻關係是否合適，而不再力求與父母的婚姻相似或相異。例如，原本寧可容忍度日而不願遭父母反對，或是由於顧慮到父母而勉強維持婚姻，但是一旦父母不在了，我們也就不那麼在乎了。有時當父母一方先離世時，我們的一些美好理想也會隨之瓦解，因為畢竟夫妻中總有一方會先離去。或者因為一方繼承了遺產，而改變了婚姻關係中的平衡。認知到生命無常，這樣的變化將給婚姻關係帶來巨大壓力。

此外，有的人會在父母過世後有所改變：從前優柔寡斷的人，可能開始變得有自信並苛求；平常習慣發號施令的人，可能會變得被動，漠不關心。有時候，其中一方甚至會從另一方逐漸增加的需求中退縮。這些偏離常軌的狀況，會壓迫到彼此的關係，情況也會因而生變。若壓迫的力量超出其彈性範圍，關係就會隨之瓦解。

然而，這種轉變不盡然會立即發生。我就聽過有的夫妻會互相扶持，一同面對父母過世時所產生的危機，兩人分工合作養育小孩，好好照顧還在世的父親或母親，不讓其操心。他們一心只想要攜手共同努力，好讓生活維持得井然有序。

但後來當度過了這個危機，或父母都過世後，維繫兩人的那條破碎的線便不復存在。表面上看起來，好像是父母的過世加速了婚姻破裂，但事實上，死亡只是結束了照護的強迫需求，使得婚姻得以解放，進而崩潰。

從親密到冷淡：喬治的疏離

有時候，改變也會發生在原先毫無徵兆的關係中，這種情況常令人難以理解。比如凱西，她是個老師，也是一名文學研究者，當她赴西雅圖參加一場會議時，她的婆婆在纏病多年後與世長辭。凱西想起自己還小時，母親便是在公婆過世後拋下一切，回到丈夫身邊。這個經驗，讓她不假思索地立刻搭機飛回北卡羅萊納州的家，回到結褵六年的丈夫喬治身邊。

凱西和喬治當年結合時，兩人都認為他們找到了自己想要的。喬治是由寡母撫養長大的獨子，凱西帶他進入了她那個喧鬧的大家庭，在那裡，喬治找到了夢寐以求的友伴關係。至於喬治，他則給了凱西一個安靜的庇護所，以及自主的允諾，這些都是在一個嘈雜的家庭中所欠缺的。

不過在那天清晨，當喬治訝異地發現凱西帶著寒意出現在他母親家門口時，他失去了南方人慣有的熱情，僅問她：「你來這裡做什麼？」然後到了葬禮時，他變得很退縮，甚至在接下來的幾個星期顯得更加冷淡。漸漸地，他的疏離更擴及兩人五歲大的女兒，就像他母親在爸媽過世後與他疏離的情形一樣，此時，這也成了喬治的範本。

凱西問我，為什麼喬治會選在這個時刻與她們母女產生情感上的疏離（這就是她的「為何是現在？」模式）？她不認為這與他母親過世有關，甚至在聽了我的提醒之後，她還是認為沒道理。

她說：「不可能，一定不是因為這個，他跟他媽媽並不親，要不是我堅持，他們早在幾年前就不相往來了。」

其實，喬治母親的過世，對夫妻倆的關係加諸了極大壓力，使這段關係中的焦點轉移了。這是喬治和凱西頭一次不再需要彼此協助，來填補自己從父母身上無法滿足的需求。如今他們得以自己的方式，回到自己的生命地圖上。喬治需要的是一些空間，以兒子的方式來表達哀傷。凱西則必須在丈夫身旁，在這段非常時期支持著他，就像她小時候看到母親所表現的一樣。矛盾的是，兩人的關係因為原先步調的不一致而開始變質，但當初他們卻是因此緊緊相繫。

父母過世的衝擊，當然不是只會破壞夫妻關係，有時，感情反而會因父母的離去而滋長。我就認識一對夫妻互相扶持，只為了供應及維持照顧年幼子女和年邁父母的經濟需要，但是到後來，兩人卻在經歷父母過世的過程中，意外發覺對彼此的情感和信賴，而得以發光、發亮，雙方的關係也藉由哀傷及喪親的淬鍊，重新恢復活力。

從懷疑到確信：莎拉的轉變

另外還有莎拉的例子。舉行婚禮那天，她正要步向禮台時，卻佇足在教堂後面，心裡想著：「為什麼是現在？」莎拉一向與父母十分親近，每天都要跟他們通電話，有時候一天還不止通話一次。她很高興與父母在家共度每一個假日以及大多數的週末，並且會跟他們一起去旅行。也因為出自戲劇及音樂世家，他們經常聚在一起唱歌、演出鍾愛的戲劇，並且盡情歡笑。

莎拉老是掛在嘴邊說現在她什麼都不想，只想要找個人結婚，安定下來組一個家庭，但是一直以來她所交往的都是壞胚子型的男人，沒有人值得她託付終生，也沒有人讓她想過要帶回家見父母。雖然她也不想如此，可是那些男人的生活方式，總是與她跟父母的背道而馳。

就在接連兩週之間，莎拉的父母分別被診斷出罹患了癌症。那時候，她的男友是個魁梧的年輕曲棍球員，他並沒有花太多時間去分擔莎拉的憂慮。他會答應在莎拉到醫院探望父母時，過去陪她在椅子上坐一會兒，然後就不見蹤影。

而這時若有人問她說：「吉姆好嗎？」

「吉姆？」她會回說：「哦，別提他了，拜託！」

吉姆是她以前的男朋友，工作認識的。她在社交或生意場合上偶爾會遇見他，兩人總是相處融洽，但吉姆對她來說不夠浪漫。她告訴朋友：「重點是，他離婚了，還有兩個小孩，那對我來說實在太可怕了。」吉姆比她大八歲，而且他太穩重、太嚴肅、太普通，所以她不感興趣。她還是癡心盼望著她的曲棍球員能夠回頭。

莎拉的雙親在診斷出罹病後不久便相繼過世，這個致命的打擊幾乎使她崩潰。有好幾個禮拜，她都把自己關在家裡，吃著外送食物，不接電話，對信件置之不理，盯著電視。她一心只期待那個曲棍球員給她電話，然而他連一通也沒打來過。

過了幾個月，當莎拉慢慢恢復過來時，才發覺前男友吉姆在她極度哀傷的那段日子裡，對她付出了許多關心。吉姆不時打電話查看她的情況，在電話答錄機裡留下了關心及支持的留言。偶爾，他會帶食物和花給她，唸她喜歡的書給她聽，並告訴她自己在父母過世時所發生的事。有時，他還會握著她的手。

不到一年之後，她開始跟那個過去覺得不夠浪漫的吉姆約會。他們一聊就是好幾個小時，變得更喜歡彼此。兩人一起看電視，一起看戲，也一起散步。於是出乎意料之外的，莎拉竟欣然接受兩個小孩與吉姆，一同進入她的生活。

一段成熟的愛情關係

舉行婚禮這天，就在步向禮台時，莎拉停下腳步，環顧著四周的莊嚴布置和熱鬧氣氛，與自己還是個小女孩時的想像做比較。小時候，她總是幻想著自己挽著爸爸的手臂，站在教堂後面，準備被護送到走道的彼端。現在她挽著的卻是哥哥，而不是爸爸，媽媽也沒有坐在前排面帶微笑望著她。

這是她人生最美好的一刻。她滿心喜悅，多麼希望爸媽能夠與她同在，於是她不禁想到：「為什麼是現在？」

最近莎拉在談話中告訴我，她已經知道原因了。她不確定若父母仍在世，她是否能建立一段成熟的感情。「我不希望有任何事把我從他們身邊帶走，」她說：「而且相信我，他們也不希望有任何事將我帶離他們身邊。」

一直到最近她才想清楚，爸媽從來都沒過問她跟哪個男朋友在一起。她告訴我：「我媽媽不像其他的母親會說：『啊，你有男朋友了！』我媽會問：『哦，你有男朋友了。他是做什麼的？』我的哥哥和妹妹帶給家中不少的衝擊，因此全靠我這個老二來支持媽媽和爸爸。我媽會說：『感謝上帝，我就知道我可以依靠你。』假如我結了婚，我想我的罪過可就大了，所以我一直等到他們不在了，才想到要結婚。」

當愛走入另一個層面

父母過世，可能會促成一段戀情萌芽或更有進展，或者讓關係強化並深化，有時則會產生極深的裂痕，再也無法復元。這些影響通常很微妙，有的是來自於一些極微小的失望，例如剛辦完父母葬禮的當晚，竟發現另一半在家關心網球比賽，你會認為這是不可原諒的行為。而有些則是來自於小小的善意，比如有人主動幫忙處理一些麻煩事，而令你永遠難忘。

回頭想想，父母剛過世的那段期間，夫妻之間可能變得更親近，也可能更疏離。我們也不難見到，有的人到了晚年傾訴自己對另一半的感覺時，會說：「他（或她）在母親過世時太投入了。」或是：「他（或她）在我父親過世的那段時間，沒有給我支持。」

我們的子女正旁觀著我們在父母過世後如何面對人生，藉此形成他們自己的成年生活模式。他們現在所見的，將成為他們未來的範本。

人際關係的變化

父母剛過世那幾年，為了避免陷入混亂，我開始對自己生命中的轉變產生興趣，並感到好奇，其中一部分引起我好奇的是人際關係。與某些老朋友的聯繫似乎消失了，一些新的友誼卻建立了。人生中這種關係的得與失，就是所謂的變化。並不是我跟老友起了爭執一拍兩散，就我記憶所及，沒有發生過這種情形。

一些朋友消失了

在父親過世後不久，我成了單身漢，這個情況確實衝擊了我跟幾對夫妻朋友間的相處模式，因為我和妻子曾與他們很親近，不過，那也不是我和他們疏離的原因。

大部分的朋友在我那段不算短的哀傷期間，仍然維持著我們認識多年來所給我的一貫支持。我永遠不會忘記那些曾在我哀傷時出現在我面前的人，他們的堅定支持，在我們之間形成了一道很特殊的聯繫。

但是並非每一個人都有出現。許多人消失了，這一點我也是後來才慢慢發覺的。

有些我認識多年的人、共事過的人，或是曾經一起經歷某些事件的人——那些我認為會支持我的人，竟然開始遠離我的生活。

我也是意外發現這種現象的。我打電話給某個朋友，留了話，直到後來才發覺他竟然從不回電，於是我才想到，這個朋友已經好久都不曾聯絡了。

這種情況剛發生時，前幾次我還感到很難過，但是漸漸地也就見怪不怪了。

成年孤兒

The Orphaned Adult

有人走近，有人遠離

有一次，我在一家百貨公司遇見了喬依，幾年前，他在我設立的一家社服機構工作了好幾年。喬依和我一起經歷過許多事，他有理想和天分，但沒有正式文憑，我甘冒風險任他自由揮灑創意，做一些有趣的計畫。結果我賭對了，他的工作表現十分傑出，創意令人激賞。

他也因此贏得了讚賞，後來甚至受聘於一所大學，過去他們曾拒絕給他贊助。即使我們已經不在一起工作了，依然維持著友誼，我們會一起打手球，有時還會跟以前的同事們來一場橋牌友誼賽。

那天，我在百貨公司遇見了他。我知道在我父親過世後，他不曾對我表達過慰問之意，以我們多年的情誼，這種疏忽看起來有點奇怪，但是當他看到我時好像忘了那回事，而且還頗高興遇見我。他說他有聽說我的狀況，他有想到我，也曾想過要打電話問我好不好。我們寒暄了一下子，約好不久後再找時間聚一聚。但是在那次不期而遇後，我再也沒有他的任何消息，也從未想過要與他聯絡。

我們之間沒有所謂的怨恨，只是從彼此的生活中逐漸退了出來，就好像我們其中一方已遠走他鄉。

這個例子說明有的人從我的生活中消失了，我在父親過世前認識的其他人，似乎也都如此。

在父親過世之後我所接觸的人，與我沒有淵源，對我也無所求，因為當時我和孩子們自顧不暇。他們開始找我出去，邀請我一起參加某些活動，將我納入他們之中，而他們也因此變成了我生活中的一部分。

我父親去世後還不到一個月，一個以前我不是很熟的同事泰莉打電話來，邀我去她家參加一個聚會。這是她頭一次邀請我，起初我以為這是一種愛慕的表示，因為當時大家已經不再談論我分居的事了。但我錯了。

接下來那幾個月，泰莉邀我參加了無數場聚會，有時候還有其他朋友們陪同前往，有時她的未婚夫也會一起參加，而有的時候，她只是打個電話來問我過得好不好。

我很難理解有像泰莉這種人，他們竭盡所能地給我協助，在我感到哀傷、害怕或氣憤時支持著我，而我卻無以回報。但也有像喬依那樣離我而去的人。

成年孤兒

The Orphaned Adult

成人生活三階段：雙親健在，只有父親或母親在世，雙親離世

漸漸地，我明白了，這種現象就是父母過世後所產生的附屬品。父母的離世，把成人生活分成了三個不同階段：雙親健在時，只有父親或母親在世時，以及雙親皆不在時。父親或母親的過世，就是下一個階段的開始，這個「向前走」的訊號彷彿是學校的獨特鐘聲響起，告訴學生，是他們該上下一堂課的時候了。身處於某一個階段的人，無法真正了解步入下一個階段的情形。也正因如此，所以處於相同階段的人經由共同的經歷和看法，比較容易聚在一起成為朋友。

如今回想起我在父母過世那段期間交友型態的變化，我才了解自己已退出原本所屬的團體了。我與他人的關係，例如我和喬依之間（他的雙親仍健在）維持關係的共同因素，在我父親過世時便消失了，而我也得邁向成人生活的下一個階段。

在朋友當中，也有人無論自己的父母親是否健在，都陪著我一起度過，但是喬依和其他一些人則不然。同樣地，在那段時間變得跟我友好的人，例如泰莉（她只有雙親之一在世），就是我在不知不覺中親近的那些人。

我曾聽說過，一段長久的友誼隨父親或母親過世而瓦解了，也聽過一段新的恆久友情因彼此同樣痛失父母而形成。

有一名患者告訴我，她最好的朋友是她前夫的妹妹，兩人得知彼此都是成年早期遭喪父之痛後，建立起了友誼，而且一直持續至今。僅僅憑著這個共同經驗的凝聚力，她們延續了一段長達二十五年的友情，不管發生多麼不幸的事，兩人的友誼依然存在，並且繼續延續下去。

同一齣戲，不同感觸

於是，我開始留意這三段成人期的不同點。一九八五年時，我和朋友們看了一齣由作家休．李奧納多製作的戲劇，叫作《爹》。描述中年男子查理在父親過世後，回到愛爾蘭去處理父親的遺產，整齣戲都是查理和他父親的鬼魂之間的對話。那個可愛的老傢伙叫作「爹」，是愛爾蘭人對「父親」的暱稱。

坐在那裡聽了兩個小時查理和他爹之間時而苦澀、時而火爆、時而愉悅的對話之後，我和朋友們去喝咖啡。當我們在討論劇情時，我發覺父母仍健在的朋友，用的是「有趣」、「可愛」來形容這齣戲。只剩父親或母親在世的朋友，則認為這齣戲「惱人」而「麻煩」。雙親皆不在世的人覺得這齣戲真是「神奇」又「真實」。同樣一齣戲，卻因為我們身處不同的階段，而有不同的感觸。

三種階段的不同反應

這些階段經過了我的一再印證。我發現無論是朋友或新認識的人，當他們知道我要寫這方面的題材時，都會反映出三種階段中的一種。

雙親健在的人會很有禮貌而溫和地說：「哦，那聽起來很有趣。」彷彿聽到我要寫的是深海浮潛故事，他們的反應充其量只是帶著淡淡的好奇心而已，有一點感興趣，但是並不害怕，他們欠缺對談的題材，因為他們還不知道這個主題也跟自己有關。

雙親之中有一位已過世的人，對於這個題材的反應則十分不同。

有的人極為突然而輕蔑地感嘆，例如當我向晚會中的一名中年婦人說明時，她便轉身離我而去而且很大聲地說：「真有病啊！為什麼有人要花時間來做這種事？誰願意去看一本那麼令人沮喪的書？」後來我才知道她的父親剛過世，而母親仍健在。

有人則會改變話題，比如同桌用餐的朋友回應說：「哦，我太太去年也曾經提過這個問題。」接著他轉而去問餐桌另一邊的人：「你呢？最近怎麼樣？」我後來才曉得他的母親幾年前剛過世，父親也仍然健在。

去年冬天，到我家修東西的電工上樓想問我問題，看我在用電腦，便順口問我在做什麼。我向他提到了這本書，他點點頭，不自覺地用拇指碰了一下嘴唇，接著脫下棒球帽，順手劃過一頭稀薄的頭髮，他粗啞的聲音頓時柔軟了下來，表情平靜地說：「嗯，我從沒怎麼思考過這件事，但是在我爸爸過世後，一切確實有了改變。」

他開始告訴我他父母在河邊的那間狩獵小屋，當他的父母還在世時，那棟小屋經常用來舉行重要的家庭聚會，現在再也沒有家人會在那裡相聚了。他說現在他的家人幾乎不再見面，因為父母都不在了。

像他這種真正感興趣的人，聽到這本書的主題時一點都不覺得害怕，而且經常會從自己的經驗中汲取一些珍貴的訊息，而他們往往都已經失去雙親了。

成年孤兒

The Orphaned Adult

從小到大最害怕的是……

我們小時候最害怕的就是失去父母，長大之後，這份恐懼不會改變。如果我們的父母依然健在，但是朋友的爸爸或媽媽過世了，跟他在一起時，我們就會感到不自在，他變得跟我們不一樣了，甚至讓人覺得有一點點「怪怪的」。不過，一旦我們的父母也走了，那些失去父母的人就變得像鄰居一般親切，面對他們時，我們會感到自在，並且有種歡迎他們的衝動，彼此的友誼在從一個階段邁向下一個階段之間，很自然地開始起了轉換。

我還發現除了對現存關係造成刺激之外，父母親的過世，對於激發一段新的感情也有獨特效果，尤其是父母皆不在的人較喜歡結識很年長的對象，並且很重視這段關係。

這種感情往往都會發展為真正的友誼，也因為有友誼做基礎，所以彼此之間能夠分享情感及需要。

年紀大的人，經常需要有人代為跑腿、買食物，或是提供交通工具，也需要有人坐下來聽他們講述人生經歷和想法。對於失去父母的年輕成人來說，這就像是某種交換，他們尚未具備年老條件，同時也不願去承認，但他們需要機會與較具有智慧和經驗的人形成某種關聯。年長者提出忠告，仔細傾聽；較年輕的那一方則得以繼續保有一種假象，自己還是受到更有智慧的人所保護著，使我們免於這樣的恐懼：「在即將死去的行列中，所有成年人都可能會排在第一位。」

試著彌補：魯賓的陪伴

這種關係的建立，也可能出於其他動機。

在我母親生命中的最後那幾年，有個老同事魯賓每個禮拜都來看她。那時候我母親的神智已經很不清醒了，甚至無法與人交談，更談不上當一位有智慧的長者，但是，魯賓還是每週六都會帶給她一小袋點心，裡面裝的是她最喜歡的巧克力餅乾。兩人坐在一起，魯賓會輕輕拍打著母親那帶有老人斑、強壯有力的手，她則閉上雙眼、頭向後放鬆靠著椅子，安靜地慢慢咀嚼每一口美味。

我曾經向他道謝，感謝他為我的母親所做的一切，他委婉地回應我：「我很喜歡你母親，所以我很樂意為她這麼做。」同時也感嘆自己不曾這麼對待自己的媽媽。「我必須為沒有好好照顧自己的母親做點補償，當時她的情況，就跟你母親現在的情況一樣，是那麼的虛弱，令人不知所措。」他還說：「或許我是想藉著跟你母親在一起的時光，來告訴自己當初應該這麼對待我媽媽，哪怕只有一點點幫助也好。」

他的回答在我心中縈繞不去。那一天，我努力在想著有誰是年邁、虛弱並且極需協助的人。也許我們只有當父母即將死亡時，才會發覺自己的怯弱，也才得以一瞥彌補的需要，於是我們才能去面對過往的恐懼，並伸出援手。

從接受到給予：理查的蛻變

除此之外，還有別的動機。四十八歲的理查是一個精力充沛的單身漢，他告訴我，身為獨子的他從小到大都很自私，總是為所欲為，等到年紀比較大了，才猛然發現自己多麼幼稚。也就是在他父親受心臟病所苦多年，逐漸步向死亡那段期間，理查有了機會蛻變成一個慷慨仁慈的人，這樣的轉變使他很自豪。他與我分享了自己的故事：

我始終扮演著一個接受者，而不是給予者。我特別記得有一次，我還在念高中時，有個星期六早上大約十一點，媽媽走進我的房間，坐在床邊告訴我：「要是你可以試著在星期六早上自己醒來，而不必讓我來叫你起床去院子除草，那麼爸爸和我都會很高興。」

但是我從來都沒在星期六早上起床，去院子裡除雜草，因為我很自私。直到我父親最後那段日子，我才生平第一次發覺自己有能力表現得慷慨、殷勤、仁慈和親切，我甚至曾想搬去和父親同住。記得有一天夜裡，父親出了點狀況，我幫他換了床單。要是在以前，我可能會振振有詞地高談闊論說：「你旁邊有尿壺，為什麼不用？如果你不認為自己能處理，為什麼不叫醒我？為什麼我要在半夜起床來幫你換床單？」但是我沒有那麼說。那簡直就不像我的風格。那是我第一次由衷發自於內心的行為，就像我終於不必讓人提醒，就能自己起床去除草一樣。我的父親也告訴我，他注意到了我的改變。

父母相繼過世後，理查去尋找需要幫助的人。他之所以這麼做，一方面是為了排遣寂寞，另一方面則是慶幸自己終於能從過去的桎梏中，轉變成一個慷慨又懂得關懷的人。比如他會去照顧隔壁的八十一歲老太太，帶她去購物，並且每週與她吃一頓晚餐。他形容鄰居老太太令人氣憤的遭遇，她的子女年紀比理

成年孤兒

The Orphaned Adult

查還大，卻對母親不理不睬。但是理查找到了與老太太親近的方式，而這對他們兩人都有好處。

我覺得失去父母的人和老人家這麼親近，是很自然的事，因為那些老人就像我們的父母一樣，讓我們感到自己似乎又要失去父母的庇護了。我們只是更理解他們的處境，所以就自然地與他們親近了。

從擁有雙親到失去雙親，這個轉變使我們完全成年了，在這段過程中，我們會產生一種奇妙的認知，不曾經歷過個中變化的人是無法理解的。我們無法與尚未經歷過這種變化的人分享自己的經驗，也不需要這麼做，因為我們了解只需要一個字或一個句子，就足以使我們彼此會心，總是這樣的。

一個星期之前，一名相識的醫師問我最近身體狀況如何，我告訴她，我正專注於完成這本關於哀悼父母離世的書，無暇去注意照顧身體。她說：「嗯，父母過世時，就好像下雨天沒帶傘一樣，你說是嗎？」

由此，我們倆以一種全新的方式看待彼此，因而得以認定對方，找到了我們都認同的密碼。

家庭關係的變化

長大成人後，我們必須選擇什麼人可以交朋友，以及自己所愛的對象。之所以是這些人，可能是因為他們的個性，或者彼此背景相似，也可能是志趣相投，無論理由為何，我們都必須在生活中做出選擇。

然而，我們卻無法選擇家庭。我們不能選擇父母，也無法選擇是否有兄弟姊妹、有幾個兄弟姊妹，以及在家中的排行等。父母依照計畫或出於意外，把我們帶到了這個世界並主導一切，沒有任何人可以取代。我們無法選擇自己扮演的家庭角色或地位，這都是父母指派給我們的，與我們成人生活的其他領域幾乎都由自己決定不同。

父母可能會說：「這個孩子很聰明，那個孩子很會找麻煩。至於另外那兩個，他們可以成為藝術家。」

被指派的童年角色

問題小孩、文靜的小孩、媽媽的小幫手、小可愛、小小愛書人、小丑、可以指望的小孩、小數學家、小搗蛋……這些都是父母指派給我們的工作和角色。

它們反映的可能是我們真正的本質，又或許與真正的我們沒有太大關聯。但是這些都不重要。角色有助於形成一種模式和型態，藉此，家庭中的成員得以形成關聯、產生期待並互相了解，所有的角色也因而得以緊緊地結合在一起。

「問題小孩」無疑是家庭瓦解的主因。無論這個特別的孩子多美麗或多有趣，就算曾有人因此備受肯定，他還是一個「問題小孩」，那就是他的宿命。也就是說，無論家庭的瓦解是不是因為他，「問題小孩」就是他所扮演的角色。

「小可愛」則可以讓非常不愉快的一天恢復生氣，不管孩子自己當時的真正感受如何，也不管他在別處的表現，他就是必須以「小可愛」的角色展現在家人面前，因為那是他的責任。

至於那個「被逐出家門的人」，我們從不曾提起過他。

成年孤兒

The Orphaned Adult

就像作曲家指揮著管弦樂團演奏一樣，父母親也希望能榮耀家庭。假如這個音樂家選擇在不同的地點來演奏音樂，那也沒有關係，因為父母總是知道如何為自己的作品評分，而且他們會分配好每一個部分，但是不容許有即興演奏。

年齡也不是要素。有一天我們會長大，帶著自己的子女離開那個家，但是無論何時，只要父母一站上指揮台並且舉起了指揮棒，我們每個人就會各自彈奏起熟悉的曲調。

然而，當指揮者離開了這場大合奏，情況將會如何呢？當原創者不再要求大家依照原來的順序演奏時，那首歌曲會變得如何呢？父母不在人世了，活下來的孩子們又該怎麼辦呢？

分裂的姊妹：卡洛琳與喬安

喬安和姊姊卡洛琳向來不和。比姊姊小三歲的喬安，總是看不慣姊姊對待母親的方式，即使在長大後，她還是會把姊姊拉到一旁，嚴厲指責她沒有顧慮到母親的感受，或是在母親的朋友面前表現失禮。相對地，卡洛琳則認為妹妹有點假仙，她覺得如果喬安別多管閒事，讓母親自己照顧自己，那樣對大家都好。

卡洛琳痛恨喬安假裝只有她才關心母親的感覺和幸福。有一次卡洛琳告訴我：「真是見鬼了！在那個自命清高的傢伙出現之前，我跟我媽媽可是親密了好多年。」

然而，喬安並不是自命清高，她自己和卡洛琳都很清楚。她們的母親早在很久以前，就替大女兒訂下了「自私的小孩」的評語，卻在小女兒剛出生時便認定她是「我的小冠軍」。姊妹倆都不願意接受自己被賦予的角色。

長大以後，她們除了到父母家過節之外，絕對不會碰面。姊妹倆之間的共識不多，談不上互相了解，對彼此沒有特別喜愛，更談不上互相拜訪。這種情況維持了許多年。她們之間的關係就這樣定了型。

直到母親過世了，一切開始起了變化。

角色重新定位了

銀行為她們父母的遺囑指定了執行者，並且做出了最合宜的決策，然而，這個決策卻與兩姊妹對雙親意願的認知不同。譬如說，信託人員竟然宣布要舉行一場拍賣會出售家中的物品，沒有給親戚、朋友們優先選擇他們想要買回去當紀念品的機會。

卡洛琳告訴我：「我知道那種拍賣會有多瑣碎，我自己就參加過許多次，大家是漫無目標地挑選東西。銀行並不是為了賺錢而辦拍賣會，他們只是希望東西能盡快打包送走。我媽和我爸一定不會願意這麼做的。」

姊妹倆一致決定要反對這項計畫，這是她們有記憶以來，第一次意見一致。

她們請了一名律師，迫使那家銀行上法院，結果法官裁定繼承人對於逝者意願的意見，在處理遺產時需要被重視。

姊妹倆都告訴我，經由那次聯合行動，她們有了一個更重要的收穫——兩人頭一次展開了對話，而且是在不受父母影響的情況下。她們除了聊聊父母想要什麼，也開始分享對父母的看法，並發現姊妹倆之間存有一種非常穩固的共同基礎，而不再質疑彼此失落經驗的多寡。

兩人開始共享家庭生活的點點滴滴，一起歡笑也一起哭泣，終於開始有了「姊妹」的感覺。

她們開始各自帶著家人參加特別聚會，共度節日，在經過了這麼多年以後，姊妹倆逐漸各自扮演起新的角色，而且與以往截然不同。

喬安成了卡洛琳的小孩們心中的「優勝者」，她教他們在學校的比賽要表現突出，合力對抗同學，但是永遠不要對抗他們的媽媽。卡洛琳則成了家庭的檔案保管者，負責保存家庭的故事、檔案，以及與親戚相關的資訊，以便妹妹或孩子們能夠隨時得知家庭的傳統和族譜。

成年孤兒

The Orphaned Adult

指揮者離去後，即興演奏開始了

當然，人生充滿了變動，並且往往會引起分裂。從學校畢業、結婚、有了自己的小孩，這些變化複雜而矛盾，我們一方面很希望能維持原狀，另一方面卻又興奮地憧憬著那個強而有力的嶄新未來。

當某人處於某一個轉換期時，其他家庭成員通常扮演著支持的角色。一名姊妹結婚，其他人就是她的隨行者；有一個人畢業，其餘的家人就是畢業典禮上的觀眾。

但是父母的死卻不然，它是獨特的，因為當父母過世時，家中的每一個成員都得在同一個時刻經歷相同的轉變，沒有人可以當個只在一旁提供協助的旁觀者。每個人都牽扯在內，每個人都感覺到失落，沒有人可以倖免，每個人都想找人幫忙，然而，這次沒有父母可以依賴了。

於是，分裂變成了混亂，這種混亂就像是一個管弦樂團在指揮者離去後，仍然繼續演奏。每一名演奏者都清楚自己所演奏的部分，但是他們不知道何時要開始，又該在什麼時候結束，沒有人計時。不過最終，每個人都會開始即興演奏，試著去找尋一些新的曲調。

遺產的繼承

就在父母過世後，家庭中的成員必須要弄清楚很多事情，也得做許多決定，例如必須考慮如何處理父母親的遺物。

其中，物品和財產的分配往往是最直接面臨到的問題。大多數的父母都會留下遺囑，逐項說明自己的意願，但即使有遺囑為憑，也無法保證事情的進展就會很單純。

金錢很容易分配，因為它是固定的數字，而且是可分割的。但是從父母繼承金錢，並不只是單純地去銀行開一個不勞而獲的帳戶，存入一筆「創立基金」，然後再決定該怎麼花這筆錢而已。

對於某些人來說，繼承遺產可能比獲得祝福更讓他們感受到壓力和負擔，因為他們可能會認為，這筆錢是付出失去父母的慘痛代價所得來的。

有的人則認為遺產是意外之財，是一種從經濟壓力中解放的救贖，給了他們追夢的機會，他們因而感謝父母的庇蔭。但是，如果在大家愉快花用所得到的遺產時，其中有一個手足的想法不一致，壓力便產生了。

當手足觀念分歧時

珍妮就告訴我她的錯愕。當她打電話告訴哥哥，她把節儉的媽媽留給她的錢拿去做了明智的投資時，哥哥竟然說，他用媽媽留給他的錢買了一艘遊艇，船尾並印上了媽媽的名字。

分配父母親的遺物可以是表現自己慷慨的一個機會，但也可能會引發爭端。有時當潛在的嫉妒湧現，而新的類似情感又滋生時，「遺物之爭」便成了向父母討愛的象徵性戰場。而情感記憶又與一般瑣碎的情況不同，每個家庭也都有其獨特方式，這是外人無法理解的。我就曾親眼目睹手足之間為了一樣很舊的小東西而起激烈爭執，他們爭的是開瓶器或蛋糕盒之類的舊東西，而不是什麼古董。當然，這些物品代表的是純真時刻的珍貴記憶：父母在世時曾參加的那些野餐、生日會，以及小時候換上乾淨睡衣在電視機前吃披薩的時刻……這些事件各有其代表意義。得到那個蛋糕盒的孩子，就可以理所當然地自認為是媽媽心中的小幫手。

還有其他的方法，例如依每個人所獲得的東西，來決定他在家裡的新角色。就像我認識的一個家庭，大家都一致同意最年長的哥哥可以得到父母餐廳裡的家具，這也代表了他被非正式地指派為家中的領導者，並且要負責主辦所有家庭聚會。

假如在處理父母遺物的過程中，意外發現了之前沒注意到的物品，這種戲劇化的情況可能更複雜難解。我就認識一個人因為後來發現了一疊黃色書刊，而前來求助。堆積在他父親衣櫃裡的那批黃色書刊，甚至有描述對幼兒的邪惡性行為，他覺得自己一定是被詛咒了才會發現。那些書所造成的衝擊，遠遠超過他自己對父親的感覺，同時也影響了他與手足及表親之間的關係，因為他們不但怪他發現了這件事，也氣他為何挖掘出這件事。

從窮親戚到百萬富翁：安娜的驚喜

像這一類的發現，可能會對人與人之間的關係造成重大影響，即使發現者是小孩子也一樣。例如安娜，她在她的大家庭裡，始終被認定是一個「窮親戚」。在她還很小的時候，父親就棄她們母女而去，與她十分親近的母親必須靠著祕書工作來勉強維持生活。安娜對於家境富裕的阿姨及表親們的「好意」和「慷慨」感到不悅，但是也習慣了，何況他們並沒有為難過她的母親。

成年孤兒

The Orphaned Adult

安娜快四十歲時，母親過世了。有好幾個月的時間，她避開了世俗的遺產處理手續，而她是那筆遺產的唯一受益人。後來當她打開母親的保險箱時，意外發現了好幾百張股票，她這才知道母親在同事的指導下做了投資，並且頗有斬獲。儘管母親依然過著儉樸的生活，卻留給了女兒超過五百萬美元的有價證券。想想看成為一個孤兒，同時卻又變成百萬富翁的情形！這件事將如何影響她與阿姨及表親間的關係？如今，她這個「窮親戚」與那些好意的慷慨親戚們之間的關係，可就改變了。

很明顯地，這樣的發現足以導致家庭發生不協調，我不禁懷疑，這就是我們要探索的那些父母所造成的「影響」嗎？不過，就算沒發生這種未了結的事件，大部分家庭還是會有所改變。

舊慣例與新傳統：莉莎的經驗

新一代接手後，新的傳統於焉誕生。這裡就有一個莉莎告訴我的故事，在父母過世後，她和她的兄弟們便不再於平安夜前往教堂。

平安夜的子夜彌撒是打從他們小時候就一直持續的傳統，從父母那一代承襲至今。就在父親過世那年，沒有人真的想繼續那麼做，因為他們都有小孩，都得在聖誕節的一大早就起床，與其穿戴整齊在半夜出門，還不如好好睡個覺！但是沒有人敢這麼提議，雖然大家都有些沮喪，還是依舊在平安夜準備好要前往教堂，就像父親在世時那樣。

就在大家要出發前往教堂的一個小時前，莉莎的小姑覺得她從行李箱拿出來的衣服太皺了，不能穿著上教堂。

莉莎告訴我：「你沒看到當時我們穿梭在屋裡，到處找熨斗、燙衣板，試著用什麼東西來裝水好產生蒸氣，我們還為該用蒸氣或是乾的熨斗，才能快速熨平衣服上的皺褶之類的問題爭論不休。」

過了一會兒，每個人都同意因為太晚了，來不及準時趕到教堂，於是平安夜傳統的一顆全新種子——留在家裡好早點上床睡覺，就這麼種下了。

以這種有點笨拙的方式，全家人在父母過世後，漸漸重新整理並構成了自己的傳統模式。這群曾經發聲一致、訓練有素的管弦樂團成員，一開始學習新樂章難免會發出不和諧的樂音，但是到後來，還是會形成一首新的曲調。

成年孤兒
The Orphaned Adult

嶄新的家庭活力誕生了

就在新轉變產生、新傳統開展的同時，新角色形成了，在世的家庭成員之間的關係於是重新排列，並重新被定義。備受愛戴的大哥在執行父母的遺囑時，可能會被認為霸道又專制；以往感情疏離的姊妹可能從此更交惡，而被逐出家門；也有人扮演著照顧幼兒的母親角色；以前那個討厭的小弟弟，可能變成了大家都想親近的同伴。至於問題小孩，也可能成為家裡發號施令的人。

我朋友卡莉家就是個例子。父母過世後，卡莉便不再是「令人擔憂的小孩」，轉而取代母親，成為所有正式家庭聚會的女主人。她的三位姊妹也分別扮演著票據顧問、園藝專家，以及即將到來的生日及週年紀念日的提醒者，這些都是她們的母親在世時所扮演的角色。

年輕時，我和姊姊並沒有特別親近，原因應該出在我們的年齡差距，以及我們在成長過程中總是處於不同的階段。她六歲那年上小學一年級時，我才剛出生；她上中學時，我剛進小學；她離開學校好長一段時間後，我才剛上大學。我們沒有什麼共通點，興趣、朋友和目標也不同。我跟她的生活從來沒有什麼特別的牽連，她也一樣。

而等到父母走完了他們的人生，生平第一次，我們姊弟倆的生命處於同一個階段。從母親的照護安排到處理父母的遺物等，我們必須試著合作，一起解決問題。這是我們第一次這麼主動地積極關心彼此，她比以前更親近我的孩子，成為他們名副其實的「姑姑」。我們倆成了同伴，一起處理事情，也因為如此，我們對彼此有更深入的了解，變成了朋友。

就這樣，這個「管弦樂團」漸漸重組起來了。隨著配偶和子女等新成員的加入，以及其他成員的消失，一股嶄新的家庭活力由此而生。

指揮棒交接了。演奏的歌曲雖然做了修改及重整，但依然迴盪著永恆的樂音，而且，將會繼續演奏下去。

紫羅蘭的冬天

你不能只是憑空消失。
對於你的美，我謹記在心。

你不能只是憑空消失。
你通往地獄的何處——何處？
你不能只是憑空消失。
天使們都瞎了雙眼？
我對你是如此的懷念！
你不能只是憑空消失。

——大衛・馬斯泰勒，奧勒岡尤金市

第六章 生命的那一方

——父母，宛如我們心中的永恆

信仰的混亂

一名正經歷喪親之痛的婦人告訴我：「從現在起，再也沒有人介於上帝和我之間了。」她指的是她將是下一個面臨死亡、去見上帝的人——當時我是那麼想的，直到我的父母過世了，我才想到她是不是別有所指。

我留意到人們在經歷喪親後，往往會有一段信仰上的混亂時期，我就曾經看過有人對自己的信仰做了不同的詮釋，有些人則轉換到一個新信仰。有人因父母臨走前飽受久病纏身之苦，信仰立即消失於大量的盛怒與絕望中，他們對於慈愛為懷的上帝的信仰於是破滅。也有人從原先的不相信變得虔誠。

父母生命的盡頭與我們個人隱私之間，是否存在著任何關聯？我們該如何盛讚它的奇妙之處？我們又該如何面對難以名狀的無數恐懼，而那些恐懼是一個探索者的世界的一部分？

我們的父母跟上帝有什麼關係？

他們的禱告，成了我們的禱告

小時候，是父母引導我們第一次接觸到萬能之神——基督教徒稱為「上帝」，穆斯林稱為「阿拉」，猶太教徒稱為「阿杜拉」，錫克教徒稱「真名」，日本的神道教徒稱「天照大神」，印度教徒奉為「梵天」，或是祆教徒所謂的「阿胡拉馬自達」，佛教徒所稱的「佛陀」。

父母決定了家中是否要奉行某一種宗教信仰，要以何種儀式、遵守哪種教義，以及信奉的程度。

成年孤兒

The Orphaned Adult

要是父母認為某種宗教教育很重要，我們就得去接觸。如果父母會定期參加禮拜儀式，我們也得跟著做。假如他們從來都不參加儀式、不相信上帝、從來不禱告，我們也不會。若他們在進食前說讚美的話或在入睡前禱告，長大後，我們會認為吃東西和入睡前就應該要禱告。

無論父母在什麼時刻禱告、如何禱告，我們也會在同樣的時刻、以同樣的方式進行，他們的禱告於是成了我們的禱告。

對父親的印象

回想起最初對於信仰的印象，我不禁想起父親。他極為內向，基本上來說是一個難以親近的人。他幾乎不曾傾聽過自己內心深處的聲音。也正因如此，除了偶爾發表意見，或者有時因為很瑣碎的事情惹他不高興，讓他大發雷霆之外，他很少說話。他會因為我犯了某些錯而暴跳如雷、面紅耳赤並且青筋暴露，接著甚至好幾天不理我——這就是我的父親。

父親有三件事是我所確知的：第一就是他很愛我的母親。他三十好幾才結婚，對我母親的感情是堅定不移的。他非常重視她，並且尊重她。

第二是他把數學和物理學當作最有趣，並且值得下工夫的事情。一九二〇至一九三〇年間，他在德國及波蘭的大學獲得極優異的成績。即使退休了，他還是可以花上好幾個小時，待在他那個用來做研究的小房間，心滿意足地讀著那些老舊的書籍，書上滿是公式、方程式和圖表。他很喜歡對著我們讀那些難懂的文字，對我們而言，那些有如象形文字般難以理解，而他彷彿一位博學的猶太牧師，從容不迫地尋找著古老的卷軸。

第三，他當信奉上帝的人是迷信的傻瓜。他認為任何對宗教信條的遵守都是愚笨的象徵。他既是充滿敵意的反宗教者，也是率直的自然科學家。

我父親不但公開表示反對宗教，而且反對的程度超乎尋常，甚至對於任何涉及宗教的言論皆加以譴責，即使那些言論並無壞處。

也許他對宇宙間的信仰受制於優雅及可辨識的數學公式，沒有其他的教條可以使他信服。對他而言，所謂的奧祕，只不過是尚未定義為公式的方程式而已，要不就是他能把事情弄清楚，要不就是那件事本身毫無任何意義。也有可能由於身為光學權威，他深信任何有關光線、或者光線及其本身所衍發出來的難以理解的現象，只有以數學表現出來才是真的有意義。

父親之所以如此，或許跟一件事有關，那就是他深愛的大家庭，包括他的

成年孤兒
The Orphaned Adult

父親、兄弟姊妹、姪女、外甥、表兄弟、阿姨和叔叔們，在他移民到美國後不久，全部都被納粹殺害了。他們被殺害，就因為他們是猶太人，而殺他們的人是自認為基督徒的街坊鄰居。

家庭影響了我

姑且不論我父親為何如此痛恨宗教，也不管我母親是在一個正統家庭長大的，我們家並未奉守信仰。我們不慶祝節日，家裡也不擺有宗教意義的裝飾品。還記得小時候，母親曾經帶我們去過好幾次猶太會堂，但我們從不屬於任何一個猶太社團。

因此很自然地，我小時候對宗教沒什麼太大的印象。但是我知道宗教在其他人生活中有其地位。我們的朋友都跟家人一起上教堂，他們會去上《聖經》課，或是上特別的課程學習天主教教義。但是，宗教沒在我的生活中占去任何時間。我父親認為那是愚蠢的事，所以我也這麼認為。

年紀還輕時，我從沒想過人生是怎麼回事：世上萬物從何而來？我是從哪裡來的？我要往哪裡去？是否有什麼東西是我看不到也聽不見的？或是有股超自然力量在主宰著萬物等，這些疑慮對我而言都是愚蠢的，就像我父親的感覺一樣。我偶爾才會想到宗教，那是當我感到不知所措時，因為我是在一個非猶太社區長大的。

我們家沒有聖誕樹

我所成長的社區位於人口稠密的都市裡，街上並列著紅褐色建築。鄰居有個叫布魯斯的男孩，跟我同年，我們每天一起上下學，也一起參加幼童軍。一整個夏天我們都玩在一起，是形影不離的好夥伴。

某一個冬天早晨，我上學途中到他家等他時，看到一棵小型的樹木立在他們家客廳裡。

我問：「那是什麼？」

他媽媽笑一笑，問我那天晚上要不要到他們家，一起裝飾這棵聖誕樹。當時我不知道那代表什麼意義，因為我從來都沒聽過聖誕節，也沒有看過房子裡面擺著一棵樹，但是我答應了他媽媽，因為我跟布魯斯總是一起行動的。

當天晚上我所看到的真是太神奇了！我眼看著那棵小小的樹，變成了我們所

成年孤兒

The Orphaned Adult

見過最美麗的東西。各種顏色的小燈泡被閃閃發亮的亮片所包圍，他們教我小心地把燈泡掛在每根分枝上，黏黏的新鮮松樹汁液把我的手指頭弄髒了，更別提我們用力大口嚼著的美味餅乾，噢！那種幸福的感覺，簡直是一個小孩所無法承受的。我跑著回家，感到喜悅而暈眩，幾乎無法形容所經歷的奇遇，我興奮地告訴父母親那件既神奇又美妙的事，那棵鄰居家裡的聖誕樹。

我問，我們家是不是也可以有一棵那種聖誕樹。

母親冷淡地回答：「我們家沒有聖誕樹。」

我說：「我知道啊！但是我們可以有吧，可以嗎？」

她回說：「當然不可以。」

「為什麼不行？」

她嘆了一口氣說：「因為猶太人是不擺聖誕樹的。」

真是青天霹靂！

我從來都沒聽過「猶太人」這個詞。直到那天，我才知道自己是個猶太人。也就在那天我才明白，我們不准在家裡放一棵小樹，並為它掛上明亮多彩的燈泡及亮片好讓它更漂亮。

那是我最初的正式宗教教育。

在我小時候，偶爾也有過令我吃驚的經歷。比如有一次在回家路上，我被打到鼻子流血，因為一群要上教堂的鄰居小孩對我發動攻擊。

等我回到家，母親為我擦去臉上的血跡、查看傷口時，我問母親：「什麼是猶太仔？」

「你從哪裡聽到這個詞的？」她問。

「有個撲向我的小孩叫我『髒猶太仔』。什麼是猶太仔？」

那時我父親正穿好外套，站在浴室門口，他問：「你說他叫你什麼？」

「髒猶太仔。」我回答。

他開始笑了起來。我和母親同時轉向他，心中納悶著這有什麼好笑。

「也許你應該多洗幾次澡。」他說。

父母是我們信仰的根本

我不太能接受宗教，因為我們不屬於猶太社區的一員，而且我也不知道宗教可以使人被某種階層所接納。就因為我父親說宗教是胡說八道，一點意義也沒有，在我長大後，自然也認為宗教沒有意義，只是我更體驗到了絕望、禁止和

成年孤兒
The Orphaned Adult

拒絕。

我從來都不認為宗教是有意義的，因為我父親不這麼認為。在我們小時候，父母告訴我們福音是什麼，它就是什麼。然而，父母可不只是領我們認識宗教而已。

對小孩子而言，父母始終都是可以依靠的，而且他們對任何事情似乎都瞭若指掌。他們握有生死大權，如同一個永遠的存在、全知及全能的神——這，就是信仰的根本。

父母總是知道事情會如何發展，結果會如何，什麼事情該做，什麼事情該避免。

父母還知道很多早在我們出生前就已經發生的事。

父母宛如是我們個人的「永恆」。

父母的個性，正是我們對神性的最初意象。西元一世紀時，有位哲學家就說過：「父母之於他們的子女，就如同上帝之於世界。就因為祂成就無形於有形，所以子民們就仿效祂的法力，盡其所能地使人類得以不朽。」

父母對我們認可或反對的評價，足以形塑我們的人生，就像是其他有著不同信仰的人，在喜怒哀樂各種心境下接觸到神學所形成的人生一樣。我們或許會耽迷地祈求或膜拜全能之神給予慈悲，乞求父母給予寵愛及恩典，然而就像上帝一樣，父母既會給予，也會收回。

我們的父母，正是我們的原始兩性，是我們個人宇宙論中的男神與女神。他們扮演著隨之而來的基督、男神、女神或是卓越的自然力量，使我們虔誠以對。不管最後他們叫作什麼，所有的這些神聖者的擬人化，都是來自於我們從父親及母親那裡所得的印象。

最初的生命地圖

我回想著自己年輕時是以什麼方式看待父親的。他絕對是我們家的駕馭之神。諷刺的是，他與舊約《聖經》中希伯來之神有著驚人的神似處，這也是後來我才發現的，但是這個希伯來人的神卻是他極力排斥的——包括實際上很難達成旨意的激烈隱遁，以及幾乎不回應內心深處的想法或顧慮，只是單方面宣稱事實應該如何，不高興時表現出偶爾的爆發或是控制不住的激怒——這種情形的確讓我感到困惑，一個小孩的心中存有這個至高無上的本體，但事實上，它卻是不存在的。就因為父親這麼說，所以我就相信，因而開啟了我信仰的方向。

成年孤兒
The Orphaned Adult

父母的教導啟迪了子女的靈性之旅，這同時適用於擁有以及不能擁有聖誕樹的孩子們，以及沒有宗教信仰與有著虔誠信仰的牧師之子。無論父母所描繪的是哪一種生命地圖，那正是我們第一次遠行所用的地圖。

接下來到了成人期。我們會開始做一些冒險，稍微遠離父母所給的航道，以一些自己的想法去體驗，並且開始思索自己是什麼、在想什麼，以及自己的價值所在。

我自己的思考

我在十幾歲的青少年時期，開始對「信仰」產生了好奇。快到二十歲時，我的朋友大多接受了正式的宗教教育，有的是無神論或佛學之類的異國信仰，而我這個極端無神論者的兒子才剛開始思索宗教的緣由。

此時，我才首度開始思考生活的目的、我們出生前身在何處、死後會是如何，並理解過一種道德生活的重要性（儘管我發現還是有很多沒節操的人過得很幸福）；我甚至懷疑人們究竟是如何從自信滿滿，到屈服於那種未知、無形而且無法證實的東西。

我實在沒能停止探索這個問題，而我唯一所知就是父親告訴我的，這就是我的起點。

當時我對信仰虔誠的人所做的大膽評論總是引來爭議，因為我大膽闡述了他們的原始信仰並加以反駁，他們也提出證實我是錯的。

還記得有一次很尷尬，我試圖向一名友善的牧師解釋，人們對看不見也聽不到的東西深信不疑，簡直太愚蠢了。回想起來，當時的我真是狂妄又無知！

令人感到意外的是，我在靈性進化的過程中，沒有人因生氣而來打斷我的鼻子。在關於信仰的思辨過程中，我也結識了一些可愛且寬容的人，我們之間的談話引起了我的興趣，於是上大學時，我選了與宗教有關的課程，就某種層面來說，我是想要認定它的荒謬，就如同我父親所做的一樣；但事實卻不然，我感受到了它的迷人之處。

接觸與迴避的兩難

頗令我訝異的是，後來我發現探索靈性的領域其實並非無知。我發覺世上的人都有著相同的需求和欲望，也就是這些，使他們渴望加入宗教，使他們得以

成年孤兒

The Orphaned Adult

成為比自己更浩大力量的一部分，可以用儀式大聲表達敬意，並且讚頌和禮拜神聖的事物（不管他們是用什麼字眼來稱呼它）。我更意外地發現竟然有那麼多人，真正聰明的人，會花那麼多時間在那些問題上，而那些正是小時候我被導向的無趣或悲哀的信仰領域。

就這樣，我知道得愈多，就愈感興趣；我覺得有趣、好奇、著迷，甚至驚奇，但是未曾對我的情感造成混亂。

有了這樣的概念，我開始思考對生命而言，是否有比可量化的物體更重要的東西。我曾懷疑是否有一處超越了人類知識及理解範圍的領域。我也開始接受，如果世界上有那麼多的人相信有一股出乎人類想像的偉大力量，那一定有它的道理。但不管是什麼樣的道理，我都不會有太深的感觸，我從不曾想要成為一個比我自己更浩大力量的一部分，也不會大聲地表達敬意或崇拜某樣聖物。

我唯一能確認的，是一種羞愧。花時間在這件事情上讓我感到不安，彷彿我正在從事某種被禁止的追尋。我知道我父親一定不會贊同的，因此就像朋友悄悄地不再上教堂，我也收起了對靈性的好奇。我沒跟朋友們談論過這些，更從來不在家裡提起。一方面，我對這些感到好奇，並且對自己的開放心態感到驚奇，一方面又怕被發現。

身為一個局外人

自始至終，我都不是個參與者。年紀大一點時，完成了學校的課業，擔負起成年人的責任後，我偶爾也會參加宗教活動，但只是因為感興趣。我參加過各種形式的活動，例如天主教彌撒、猶太教錫安山復活洗禮、佛教聖歌、教友派聚會、猶太教和基督教的活動等，但我只像個感興趣的局外人，看著、聽著「他們」唱聖歌及禱告，就像看著蜜蜂在蜂巢裡跳舞一樣。我從來都不想進一步地深入接觸，而且也不敢，因為那很危險，這種事很容易使人著迷。

如果在基督教的教會裡發現了一個猶太人，會是什麼情況？我從來都不確定猶太人是否受歡迎。當我去猶太會堂時，情況更糟。原本在那裡應該感到很自在才對，事實卻不然，因為我擔心有人發現我不虔誠。要是有人用我不了解的希伯來語跟我說話，該怎麼辦？假如有人問我如何度過即將來臨的節日，我不知道是否該毫不遲疑地告訴他，我將大吃一頓來慶祝。如果有人問起我不曾舉行過的猶太成年禮時，我該如何回應？在猶太會堂裡，雖然我可以聽出一些當初和母親去時聽過的聖歌，但我絕不會跟著一起唱。

找出自己真正的信仰

我達到了一處靈性高地，在我的朋友當中，也有許多人達到這個境界。更多世俗的追求超越了精神的探索及追尋，像是工作、洗衣服、貸款等，就像我們給了自己的精神充分的定義，我們一方面像父母，一方面又不像。當父母健在時，自然是我們關於宗教信仰的參考。他們始終是我們最初而不朽的父母。也許我們會接受或拒絕聽從他們的信仰，但是無論如何都還是會依照他們所相信的，來定義自己的信仰。

但是父母終究會離開，先是其中之一，接著是另外一位。

原始的父母已經不在了。

也因此，我們失去了面對上帝的藍圖。「永久」，變成了刻在城市另一端墓碑上的一句話而已。

這可能是我們靈性之旅的全新開端，也是我們偏離生命地圖的開始。此後，不再有人給予解答；過去的解答，也不再適用。我們所學到的永恆與神性以及我們自己的決定，都將受到檢視。此時，我們才得以找出自己真正的信仰，以及其他信仰。

從混亂到再出發：山姆的心境轉折

有一位大學工程教授山姆告訴我，他在母親過世那天的下午與她起了爭執，並且用極其尖酸的言語和她爭吵，在盛怒之下他奪門而出。到了晚餐時刻，母親與世長辭了。

有好幾個月的時間，他為他們最後的對話感到不安。這是多麼可怕的最後回憶。一開始，他是氣母親為什麼要在他們還沒有機會和好以前離開人世。接著他開始懷疑，她在那個時間點過世也許沒有什麼特別的涵義。這使他想到意義和目的，人生的目的，這個問題可是他從小到大都沒想過的。

小時候，父母教他不要自私，還說上帝讓人們來到這世上是要幫助別人，而不是要給自己帶來好處的。回想起當時，他認為爸媽簡直是瘋子，人生的目的當然是用來對自己好。只要看看動物世界便可以了解。為何他不能以對自己好為優先和主要目標呢？事實上，他正是這麼做的。他說他一直很放縱自己：他

成年孤兒

The Orphaned Adult

過著速食生活，耗盡了許多的事物及人際關係，還酗酒、嗑藥及享受性愛。

自此，他開始重新思考人生的目的，並且不再認為自己從前的所作所為是正確的。他開始乞求指引，過去他從來都不曾這麼做。他開始看《聖經》，這是另外一件多年來他沒做過的事。他一讀再讀〈以斯帖記〉，這是舊約《聖經》中，一位猶太籍波斯王妃把自己的人民從殘殺中拯救出來的故事，內容就是有關這個為他人而活的女性。讀到其中一段「我不會棄你如孤兒」時，他不禁感動落淚，於是他選擇了重新回到教堂。不久，他每個星期天都上教堂，過了幾個月之後，他每週有三天晚上會到教堂，幫忙專為無家可歸者而設的婦女庇護所準備食物。

山姆告訴我：「現在我覺得自己身心清淨，比以前好多了。」他多麼希望自己能在母親過世前就重新調整生活步調，但他也相信，是母親的過世才讓他開始重視這些。

也由於這個人生的分歧，使得他放慢腳步，回歸清淨，並回到上帝的身邊。

關於父母過世所造成的信仰分裂，沒有什麼偉大的說法，也沒有專門道理可言。各行各業的人混合而成各個階層，以及不同程度的堅信，到頭來終將發現，自己竟身在那些例行範圍之外。

從憤怒到平靜：伯特的笑容

幾年前，我回老家附近參加一場年度聚會，認識了一個叫伯特的人，他問我能否私下跟我談一談，我回答：「當然可以。」看他迫切的神情，我猜他可能是做直銷之類的。

據我所知，伯特是一名虔誠的天主教徒，他經常去望彌撒，並且把小孩送到教區學校就讀。我還聽說他在大學畢業後，上了好幾年的神學院，他真誠服務教會，把神父當成父親一樣看待。

我從未想過他會來向我尋求精神指引，就連他自己也很訝異。但就在我們走進另一個房間時，他轉向我，哇的一聲哭了起來。過了一會兒，他說：「我自己也無法相信竟然會向你提出這個問題，但是自從我的母親過世後，教會已經不再能向我保證什麼了，因為我很氣上帝。我感到十分失落。我不斷在懷疑母親死後會到什麼地方去。我告訴神父這個問題，問他該怎麼辦，他卻叫我禱告！真可惡，如果我要選擇禱告，又何必求助於他？我知道你的父母都已過世了，我很想知道你是怎麼度過那個時期的？」

當時我們一起站在房間裡，感覺有些奇怪，他在哭，而我卻在思索該如何是好，我和他並不親近，但我們屬於同一個族群。不過，我們還是在那個房間裡待了好幾個小時，一同懷念逝去的父母。我竭盡所能地歡迎他加入這個黝暗的成年孤兒世界，卻也不斷地告訴他，我沒有答案可以給他。我說，我不認為他能很快找到答案，但是我想不用太久，他又可以平靜地去面對上帝了。我還告訴他，雖然我不是神父，但我懷疑他的憤怒和疑惑可能是另一種型態的禱告，那是孤兒對慰藉以及恩寵的懇求，而那也正是隨時隨地可以任由他使用的情緒。

直到第二年，我才又見到伯特，在同一個朋友家裡的年度聚會上。就在我們看到彼此的那一刻，他的臉上露出了燦爛的笑容。他在房子的那端向我喊著：「我到現在仍然在做那個新的禱告。」

「我也是！」我也喊說。

真正能界定自我的那一刻

有時候，信仰的改變其實很微弱。我有個好友，多年來一直在醫院裡擔任牧師，對於安撫喪親者的工作頗有心得。她說她父母之死雖然沒有引發她對信仰的混亂，但是，她開始去思索多年來習慣使用的一些字句的「真正」意義，諸如「他們終於獲得解脫了」、「他們現在正與其他親愛的人在一起」這類話語，比起一般的安慰形式，對她而言變得更有意義。她不斷在想，她那畢生飽受不安折磨的母親，是不是終於找到了有生之年始終無法獲得的解脫？母親喜不喜歡得到這種結果？這將對她的靈魂產生什麼樣的影響？若是以前，她可能會覺得這種情況「不錯」，但現在它們所代表的意義更多也更真實。她那複雜而明確的定義變得有些深入，而且她的靈性地圖也變得充實了起來。

我相信在父母過世後，大多數的人都能夠認知到自我，並且可以決定自己的信仰。而直到那時，我們才能形成對神性的看法，因為至此神性才能超越父母所給予我們的印象。

父母過世之後，這是第一次，沒有其他人介於我們自己跟上帝之間。只有那時候，我們才能夠找到一份確信，那是我們隱藏於內心深處的表現方式，那也正是我們得以真正界定自我的時刻。也就從那時起，我們才能夠超越舊有的靈性限制，重新為自己定義那片全新的領域。

成年孤兒
The Orphaned Adult

追求的渴望

母親過世那年的平安夜，我和一個朋友去望彌撒。以前我也曾經跟他一起去過，而且每次的儀式都一樣，但這一回我的感覺不同。我還是有點鬱悶，卻開口跟著吟唱聖誕頌歌，這個改變使我的朋友感到訝異。

幾個月後，我參加了附近猶太會堂的週五聚會。在那裡的感覺很好，我讓自己真正置身其中。這次我再度意外發現，自己竟然跟著唱起了熟悉的聖歌，並低聲跟著唸那些小時候就認得的禱告文。雖然我還是感到鬱悶，但是身在那個地方，讓我感到平靜。

隔年春天，我帶著孩子們到朋友家過猶太人的逾越節。以前我也參加過，但是這回我頭一次驚訝又愉快地發現，我們正在與好幾個世紀前數不盡的歷代祖先，一同閱讀相同的文字。到最後當我們說出已經可以實現的夢想「明年在耶路撒冷」時，我不禁哽咽。

我不太明白當時是怎麼回事。我只是被所表達的信仰感動，而在從前，我只是會感興趣而已。就像患有糖尿病的小孩總是流連在糕餅店的櫥窗外，而不准帶回家裡享用一樣，我發覺內心深處有一股對甜美精神糧食的強力渴望。

然而，我還是不曉得該如何來填飽那份渴望。

於是，我去拜訪了一位住在以色列的堂姊，她是我伯父的女兒，我們兩人是這一代僅剩的後代，成了過往大家庭的遺族。堂姊的家人都在戰時遭殺害，她則從集中營逃脫，第二次世界大戰時加入了游擊隊。與其對宗教虔誠，她更是對國家主義效忠。

她把我介紹給仍然在世的其他家族成員，也就是我伯祖父、叔祖父的子孫，他們早在大屠殺之前便移民到巴勒斯坦了。在他們之中，有些人信仰虔誠而純正，有的則對宗教完全不感興趣。於是我才了解，在我們的家族中存在著各種形式的信仰空間，這給了我理由去追尋自己的宗教信仰。

朝聖之旅

我的造訪儼然成了一趟朝聖之旅。我徜徉在猶太人的沙漠中，登上山丘俯視著死海，坐在石頭邊緣，感受著炙熱陽光和岩石烘烤著我的皮膚。我佯裝數千年前馳騁於這片大地的遊牧民族祖先正與我同在，我們沒有交談，只是並肩而坐。

成年孤兒

The Orphaned Adult

到了耶路撒冷後，我去參觀西牆，那裡已成了猶太教徒的第二個殿堂。我以前額碰觸著那片冷硬的廣大石頭，它們彷彿直達天際，我還用手指去觸摸它們滿覆塵土的凹凸表面，霎時間，我的皮膚很清楚地感覺到祖先與我同在。沒有言語，只是皮膚與皮膚的接觸。

抬頭仰望，我看到的是穆斯林清真寺的金黃色屋頂聳立於石頭上，在那裡，亞伯拉罕將他的兒子以撒奉獻給上帝，先知穆罕默德在那裡升天。在那裡，我可以聽見清真寺喚拜樓宣禮員提醒信眾進行禱告的聲音。

我還去了伯利恆的聖母瑪利亞教堂，它就坐落在耶穌的誕生處旁，坐在那裡聆聽著亞美尼亞修士在巨石長廊上跳躍時所發出的美妙聖歌。在耶路撒冷時，我走在那條耶穌步向十字架釘刑之路，坐在聖墓的教堂內，就坐落在祂受難地點的旁邊。我凝視著地穴，那正是停放祂軀體以及祂升天之處。

彷彿在商店裡試穿新衣一樣，我試著想要在精神世界的一角找到合適的詮釋，卻意外發現自己沒有太多疑惑。我只是敞開心靈來接受即將開始的探索，並因此獲得滋養。

一種截然不同的體會

造訪古代聖地所帶來的難忘衝擊，已經深深地烙印在我對「永恆」及「無限」的概念裡，揮之不去。每個地點都激起我的好奇，但又不僅是好奇，那是一種截然不同的體會。我無法形容它們對我造成的影響，每一個時刻都那麼的原始、那麼的直覺、那麼的不理性，但我唯一肯定的，就是這股影響力。正如當年喚起一個小男孩眼看著一棵平凡的小樹，奇妙地轉變成一個明亮、多彩又閃閃發亮的美妙事物，而這一次，則是我對自我轉變的驚奇。

我很清楚要是父母仍健在，我不可能會對這些事物有感觸。他們的死使我得到解放。我不知道如何來形容現在對上帝的感覺，如今，我對所尊稱的上帝有了截然不同的感受。就像神祕主義者所說的，只有經歷過難以理解的狀況，才讓人真正明白那些不可理解的事是正確的。

然而，父親對我的影響依然很明顯。我仍舊無法理解那位與人類行為有關的神，為何祂的保護與介入可以因服從和忠貞宣言而乞得。我對自己的父親都不了解了，又怎麼談得上認知上帝呢？

有時我甚至在想，將來我死後，我的孩子們會如何去了解神性。他們的爸爸與我的父親，事實上是非常不同的。他們的爸爸對神學充滿了困惑，然而對於孩子們來說，上帝卻是莊嚴的、能夠帶來保護而有用的，並且容易親近。

在永恆的房裡受到歡迎

幾年前，我與一個小我十五歲的天主教教徒結婚。我們很注重兩人的精神生活，包括上猶太會堂、教會，或是在夜裡傾聽池塘邊的蛙鳴。每次參加不同型態的宗教儀式時，我都會受其音樂及禱告聲所感動，但感覺有點像在蜂巢裡的蜜蜂一樣，雖然身處其中，卻感到有些不安、有點格格不入。

現在每當我感到格格不入時，便會重新回顧那一段珍貴的記憶。我會讓那些儀式的聲音提醒我，讓自己沉浸在清真寺宣禮員的單調聲音裡，以及拜占庭僧侶的複雜吟唱中，我知道那是對信徒的無限呼喚。我會任由那些聲響引領我到耶路撒冷的古老石牆，或是遠赴山丘上俯視著那片苦痛的死海，在那裡，我可以愉悅地與這世界，與過去和無盡的祕密，維持短暫的連結。

一年前，我太太那個大家庭的成員來拜訪我們，我們到家附近參加一個小型社區教會的彌撒。就在我坐在妻子和岳母之間的那一刻（她們兩人都善良而仁慈），我開始感受到以前有過的那種羞愧感，認為自己身在不該在的地方，彷彿又要受到父親的否定，而且他會覺得我的行為很可笑。

收集奉獻物品是天主教儀式中的一部分。當那個籃子在座位間傳來傳去時，不知怎麼的，就是跳過我們，讓我們全部的人都愣在那裡。我們手上都準備了要奉獻的錢，我們互望著，不曉得該如何交出捐獻又不至於影響到旁邊正在禱告的人。別人可能也都認為這種情形滿有趣的，可是只有我忍不住放聲笑了出來。

此時，我前面的人轉身看我，我岳母也看著我，這情景讓我不禁縮了一下肩膀。我想著：「哦哦，不應該在教堂裡這麼笑，笨蛋！」

我低聲對岳母說：「你現在可看到一個猶太人上教堂的情景了吧？」

她則回我說：「自從你跟著一起上教堂後，很多好事都跟著發生了。」

我就這麼坐在那裡，在一個不屬於我的教堂裡，充其量只不過是他們身邊的一個人，那個人又碰巧娶了這個團體中的一分子。我還是坐著，被一群我不認識的人所包圍，聆聽著一首首令我不安的聖歌。

我就坐在那裡，緊臨著岳母，她也很高興我在那裡。這是我生平第一次，感覺在上帝的房裡受到歡迎。

取消

她所該前往的地方，她已經前往了。
我遍尋傳單、明信片，
一個穿著長裙的女子
在派克峰頂側坐在驢子的鞍上。

在父親葬禮通知函中（韓瑟與葛特拉的夜歌中），
一張母親節卡片、一張我所寄出的「抱歉錯過你的生日」卡、
一張大學同學會五十週年通知單、
一張我哥哥於一九四六年自海軍退役返家的剪報，
都已沒有她的蹤跡。

她消失了，
在未到期的圖書館借書證，
以及一張三十歲時得自牙科的帳單中，

上週複印在信封上的一首詩，
同時，還有我五十五歲的父親
去年五月蒙德公園醫院的一張菜單，
一張一九六二年從奧地利寄來的卡片，
以及來自費城、戴頓、聖彼得堡的保險單及報告單。
她避開我，進入紙屑中，
成為電話邊的日曆上一個顫抖的詞：取消。
我把成箱的文字放進垃圾桶，
也放入火爐中焚燒。
我的手因為揀選紙張而疼痛，
於是我提筆寫下一些話
尋找我的母親。

——伊琳・卡特，俄亥俄州哥倫布市

第七章

來勢洶洶的哀傷風暴

——我們愈想逃避，愈可能迷失方向

當暴風雨來襲

成人的生活有點像一名航海的船長，一心想要把船隻駕馭好，卻不知道航程的目的及方向。每個人的生活都是一段獨特的旅程，在旅程中各自面對自己的挑戰——歡樂、神祕、沉悶，以及狂風暴雨。

當我們所愛的人過世時，就好像遇上了暴風雨一樣。哀傷對我們所造成的影響超乎想像，並且來勢洶洶地湧向我們，那種突如其來的強度足以使人迷失，帶給人異常的驚嚇。

在這場大洪水中，我們不在乎會航向何方，只在乎如何在這場狂風驟浪中不偏離航線，安全地存活下去。我們一心只盼望災難可以趕快結束。我記不得自己有多少次被處於哀傷劇痛的人詢問：「難道我不能做點別的事，像是去睡個覺，醒來後一切就結束了？」

而這正是大多數的人所期待的，一股巨大的力量在我們體內膨脹，我們讓自己置身於心理的冒險之境，想盡辦法要逃避哀傷。

自己都沒有察覺的哀傷

美國猶太喪葬局曾發表一份研究報告，針對在安葬前為逝者舉行紀念儀式以撫慰遺族的「入墓前服務」成效，與三百名美國心理學會會員進行訪談。研究報告顯示，入墓前服務確實對喪親者有幫助，但也產生一種令人沮喪的意外影響：幾乎有百分之三十的人在所愛的人過世後，因揮之不去的哀傷而去看心理醫師。也有百分之三十的人會因為其他理由，而尋求心理醫師的協助。

關於這個研究結果，也許我可以保守地說，這與我身為心理學者的經驗相吻合。這份報告也反映出一個狀況，就像多年來我跟同事閒聊時所聽說的，心理治療大幅用於跟「失落」有關的事件：患者的主訴由一般性憂慮，逐漸演變成害怕失落的持續性擔憂，或者因經歷了無數次未曾哀悼的失落而產生沮喪，或是第一次面臨使人充滿恐懼的喪親之痛。

正與揮之不去的哀傷苦鬥的人，往往自己都沒有察覺。他們可能知道「情況不對」，但他們依然努力掙扎著，多半沒想過要尋求心理協助。他們可能會因血壓高、潰瘍、蕁麻疹或其他因壓抑哀傷引起的身體不適上醫院，也可能暗自承受著痛苦，藉由酒精或食物暫時找到慰藉。

從無助到理解：雷夫的憂鬱

去年，我突然接到一個人來電，十年前，我曾在他那段爭吵不休的離婚過程中充當聆聽者。他叫雷夫，是個精力充沛的生意人，我們就稱他為「A型人格」的代表。他還在念大學時就賣起了披薩，畢業後把這份事業賣給了兄弟，並重整旗鼓，將不算多的收益轉做其他投資。幾年下來，他將版圖擴及建築及仲介業務，並且再利上加利地投資其他事業。也正因為他的這種本事，很快地，他便擁有了一個價值數百萬美元的企業。他的名字總是榮登報上的「明日經營之星」之列，在一些新興的商業領域中居於領導地位。對生意的敏銳洞察力加上慈善事業，使得他在商業圈裡頗負盛名。

他日夜不停地工作，熱愛工作帶來的挑戰，並樂於沉浸在機會與風險、協商、斡旋及交易之中。他總說這麼做是為了家庭，但事實上，他對家庭的重視卻遠不及事業，不但婚姻因他的忽視而終結，他也很少與孩子們見面。他沒有什麼朋友，有的也只是工作上來往的人，但是他卻對此甘之如飴。

雷夫第一次到我的辦公室，是家事法庭的一名法官聽完他的離婚訴願後，強迫他來的。我們建立了一段真誠而深刻的關係，但是他對生活中心層面的問題沒有太大興趣。就在解決了他與妻子的離婚協議問題後，他向我道別，我們兩人也都沒想到以後還會再見面。

突如其來的崩潰

我很意外會再度聽到他的消息，就在他踏入我辦公室的那瞬間，我更是感到

成年孤兒

The Orphaned Adult

驚訝！他那曾經紅潤的臉色變得蒼白，從前的那股精力和自信都不見了，他說話緩慢而且缺乏信心，閃避我的目光，握手也變得無力。他變得一點都不像自己一直努力維持的生意領袖模樣，反而像是個被擊垮的人。

「我快崩潰了。」他開口便說，連一般人在久違後首度見面時的客套都沒有。他告訴我大約在一年前，他因為一般感冒轉成流感，從那時候開始，他就不斷生病，胃痛一次接著一次，不停地感冒，一再感染使得抗生素也沒效。身體一向硬朗的他，對於自己如此多病感到很不適應。他去看醫生，家庭醫師在徹底幫他做了全身檢查後，診斷他情況良好。

接著他繼續講：「大概在兩個月前，」他一口氣說著，彷彿怕來不及說出來似的，「我開始變得精疲力竭。要好好度過一天對我來說變得很困難。我愈來愈瘦，也有睡眠問題，我總是會作噩夢驚醒，卻不記得夢的內容。我的情緒糟到了極點。我會莫名就哭了起來，更糟的是，我孤單得連自己都無法承受。有一次開會時，有人談論著某家我們有意收購的小型家庭企業，而我得中途離席。以前我從沒哭過，然而現在，哭卻成了家常便飯。」

他告訴我，最後他的家庭醫師終於開了抗憂鬱藥給他。「但我無法忍受吃藥後的副作用。他試著開給我其他的藥，可是我依然無法忍受那些藥所帶來的感受。我開始感到害怕，我想我就快要發瘋了。」

他的聲音有些沙啞。他環顧著房間，困難地吞嚥著口水，眼中盈滿了淚。「醫生認為問題出在我的腦子，他說我有情緒障礙，所以我覺得應該來找你談一談。」進來診間之後，他第一次轉向我，尷尬地微笑著說：「你也處理腦部的問題，是吧？」

「當我哭泣的時候，我感覺好像……」

在談話當中，我問他，每當他感到非常寂寞與哀痛而哭泣時，有沒有什麼現象可以用來形容當時的感覺。

就心理治療來說，針對一個人的沮喪找出型態及範圍，往往有助於看透事情原委，並能幫助情況有所改變。有時候我會請他們畫一幅畫或說出某首歌名，由於雷夫善於說話，所以我請他說故事給我聽。

「請你完成這個句子。」我這麼對他說：「當我哭泣的時候，我感覺好像……」

雷夫抬起頭，浮腫的雙眼，完全掩蓋了曾經自信滿滿的那個他。他回答：

成年孤兒

The Orphaned Adult

「我覺得好像有人死了。」

我點了點頭，停頓了一下，感受這句話的重量，接著問他：「是不是有人過世了？」

他閉上眼睛，像一個洩了氣的氣球人，罩著一套昂貴的衣服，就那麼癱坐在椅子上，或許連他自己都未察覺自己在點頭。「是的。」他幾乎停止了呼吸，雙眼依然緊閉。他嘆了口氣並開口說，我的問題讓他想到母親——她早在六年前就過世了。

他又補充說：「說來很好笑，我以前跟我媽媽很親。當她快要走時，我真的非常生氣，而且從葬禮之後，我幾乎從沒想到過她。」

雷夫繼續談到母親過世前充滿痛苦的那幾週，以及他因無法減輕母親的痛苦而感到挫敗。雷夫是一個很實際的人，向來都是他在當家做主。他知道如何控制情況，但也明白無法改變母親的死亡，於是他選擇停止悲痛，讓生活照常過下去。當時他認為，繼續為母親之死而悲傷，簡直是在浪費時間，因為他什麼都改變不了，所以他停止悲傷，繼續向前走。

哀傷，是情緒的正常反應

雷夫認為如果他無法改變情況，那麼光是對母親的死感到悲痛就沒什麼意義。但他錯了。我們之所以會因為某個深愛的人走了感到傷悲，正是因為我們無能為力。

他說：「那種感覺就好像拋棄了她，在她過世之後，我就不再把她放在我心裡了。」

「不再放在你心裡？」我重複他所擔心的事情問著。

「對，我把她像垃圾那樣排除在外。」他回答。

「把她丟入了垃圾桶？」我又重複了他的說法。

「一點都沒錯。」他說。

於是我接著說：「沒錯，那就是你丟棄她的地方，如今看來，你自己好像也置身於那個垃圾桶裡。」他將頭埋進手中，開始哭了起來。

我向雷夫保證他沒有發瘋，也沒有所謂的情緒障礙。當有人過世時，我們理應確實感覺到有人過世，那才是情緒的正常反應。

哀傷，是撕裂全身的痛楚

情緒和情感往往反映著正在發生的事，以及我們的內在感受。當一個人感到非常悲傷或快樂、對自己很滿意或不滿意、覺得悲觀或樂觀，而這些感覺與四周發生的事或是自己的內心感受無關，他的情緒便會受到重創。如果一個人的情緒偶爾無法與任何外在事件相連結，而對他的生活能力形成強烈干擾，便稱為「失序」。

當有人過世了自己卻感覺不到時，才是情緒障礙，哀傷只會造成心神失序，就像雷夫一樣，我們都想試著繞道而行，但是卻又迷失在其中。

這正是許多人都會碰到的狀況。我們想要逃避哀傷，至少我們都會試著這麼做，是不是因為我們害怕顯而易見的危險，以及我們內心深處無法忍受的弱點，像是懦弱、愚蠢、依賴又缺乏自制？

或許我們在遭遇重大變故後，藉由哀傷，那種普遍而自然根植於內心深處的哀傷，重新獲得了心靈平靜。那種感覺很奇怪，就像是我們生病了或失去理智一樣。我們之所以停滯不前，正因為隨著宗教信仰及社會規範的式微，再也沒有任何儀式可以引領我們，就像從前我們的祖先一樣，隨著儀式而進入哀傷的迴旋之中。

哀傷雖然不是一種疾病，但是當它來襲時，跟疾病沒什麼兩樣。它可以擾亂我們的睡眠型態、食欲、快樂的能力與精神層面。我們的新陳代謝率會因而改變，發燒也可能使得體重快速下降。

有一名女士曾告訴我，她在母親過世後，連續吐了好幾天，就像被人下毒一樣。還有人說自己在喪親後，夜夜無法入眠，眼睛睜得大大的，像是喝醉酒一般，但她有好幾個星期沒喝酒了，她的皮膚感到灼熱，就像是曬傷了。一個相識的人透露，他還意外跌傷了膝蓋而痛苦大喊，他必須用手抱在胸前，才能抵擋那股撕裂全身的痛楚。

哀傷，它會傷人

哀傷確實會傷人，這麼說完全正確。「悲痛」不只是哀傷的一種情感表現，「心痛」和「悲傷」也一樣，它們會隨著喪親的歷程而出現，引發令人窒息的痛楚，有時發生在胸部，有時併發在心窩處。

哀傷不只會讓我們覺得自己生病了，還會使我們感受到並表現出瘋狂——帶著恐懼的瘋狂、充滿痛苦的瘋狂、困惑的瘋狂。所謂「瘋狂」，就是當原本確實存在的現實徹底消失了，我們會有一段時間都無法從那種不真實感之中，辨別出何謂現實。我就曾見到一個朋友在母親過世後，他從原先的自信、開朗，變得多疑、猜忌而退縮。我也曾看到一些患者變得笨拙，甚至連最簡單的事情都記不住，也無法去理解並解決非常容易的問題。我還見過有些人說話說到一半就哭了起來，或者毫無來由地便大發雷霆。

哀傷，是尋找出路的一種歷程

哀傷，會使我們感到絕望及無助，挑起關於疾病或死亡的聯想，干擾我們感受快樂的能力，使我們精神無法集中，並消滅我們的自尊。這些情形也可以被定義為一種心智上的失控，稱為「沮喪」。但是哀傷並非沮喪。哀傷不屬於任何一種失序狀態，而是當我們歷經死亡的激動時，內心想要抓住並找到出路的一種歷程。

這種感覺就好像是一種失控，會讓我們害怕。我們試著想要超越這股衝動，就像處理某種威脅一樣，而且我們也真的有能力這麼做，因為我們可以利用畢生在超越本能衝動上所學到的經驗。

畢竟，壓抑衝動指的就是社會化，這種壓抑從我們小時候開始，一直延續至後來的生活。魚、鳥等許多生物擁有與生俱來的本能以維持生命，我們人類也必須「奮鬥」出自己的方式，來適應家庭、部落甚至社會。我們會試著壓抑許多自然產生的需求。

舉個例子來說，當我們感到飢餓時，只要吃下手邊的東西，對食物的需求便能輕易獲得滿足。我們雙手並用，大快朵頤，不時還得擦拭下巴及雙手上的汁液，然後打了一個心滿意足的飽嗝。但是小時候，我們被告知得等待飯菜備妥，只能吃自己盤內的食物，要用餐具，咀嚼時必須閉上嘴巴，得將餐巾鋪在腿上好用來擦拭嘴唇和下巴，並且不要吃得太撐。我們受禮儀所規範，那便是壓抑衝動的極致。

長大後，我們對於壓抑「本能」的能力更完備了：我們控制耐心，半夜時即使對面沒有來車，仍然耐心等待紅燈轉綠；若有個小孩在我們腳邊，為了怕他燙傷，我們會緊握著一個炙燙的熱水瓶（即使我們反射性地想趕快把手放開）。我們也可能斷絕自己的哀傷本能，實際上卻是想放聲大哭或痛苦不堪。哀傷時，我們擅長壓抑那種激動，但我們若想保持健康，就需要適度地表達哀傷。

成年孤兒

The Orphaned Adult

壓抑哀傷會影響一個人的身體狀況，就像雷夫一樣。那會影響心理狀態，帶來不舒服的感覺，並從焦慮轉成沮喪，而且可能影響到人際相處。

從不安到接受：克勞蒂亞的困境

多年前，克勞蒂亞經我一名患者的推薦來找我，她們是研究所的同學。克勞蒂亞三十出頭、單身，經常為感情向朋友訴苦。

我們見面談了一下。她覺得自己之所以苦惱，是因為她擔心目前的戀情會生變。她流著淚訴說著她與男友之間的連結是多麼微弱，她多怕男友離她而去，儘管他保證不會發生這種事，但她還是很擔心。她告訴我許多故事來印證這份擔憂，但是在我聽來，那些頂多只是他一些不太嚴重的過失，不能算是她所提的激烈情況。

假如他遲到了，就表示他去見了其他女人，他要拋棄她了；如果他忘了做某件事情，就代表她對他不再重要，他要拋棄她了。聽起來，有時候他似乎不太體貼，還有點心不在焉，但是他從來都不曾揚言離開。至於她給我的印象，也不像脆弱得無法忍受一般施與受的愛情關係。

正當克勞蒂亞又要開始訴說那一段段往事時，我得知就在她認識男友的一個月前，父親早已過世的她，又失去了母親。她說：「遇見喬治讓我得救了。我真無法想像失去母親時若沒有他，我會怎麼樣。要不是因為有他，我現在不知道到哪裡去了，可能早就住進了瘋人院。而我現在就是害怕他離開我以後，我會終老在瘋人院。我擔心如果我抱怨的話，他就會離開我。可是就因為我不抱怨，壓得我快瘋了！」

我指出她似乎是被困住了。一方面，她無法忍受身處於一段關係中，而那個人的一舉一動都反映了她所害怕的離棄，那會使她無法忍受；另一方面，她也沒辦法從一種關係中脫身，那種關係隔離了她自己與母親過世時所經歷的真正離棄。結束這段關係可能會使舊傷復發，她擔心她會因此而發瘋。

我想，也許她應該暫時停止顧慮她的感情生活，而把注意力轉移到她的父母身上，跟著我進入為他們哀傷的時刻。

那份哀傷，自從她認識喬治後便被擱置了。

她說：「對於父母的死，我現在已經能接受了，當我覺得想哭的時候就會哭。現在我想要弄清楚的是該如何面對喬治。」她向我道謝，付清鐘點費，然後就離開了。

為何老是舊事重演？

大約一年之後，她的名字又出現在我的預約單上。她來到了我的辦公室，我們客氣地坐在一起，她提到了自己的現況。就在我們之前那次會面後不久，她從研究所畢業，找到了一份工作，與喬治分手，並且幾乎立即愛上了一個小名為「雷德」的男子。剛開始，雷德好像每一方面都比喬治優秀，但是後來同樣的情況又發生了。雷德就像喬治那樣讓她很緊張，他幾乎什麼也沒做便會嚇到她並惹她生氣，但她又不想抱怨，以免他會離開她。

她記起了我們先前的談話，彷彿看到舊事重演：男友或許有些疏離，但她也沒有遠離那場哀傷風暴。於是她開始思考，自己是否該先完成對父母的哀悼，才有可能發展出一段成熟的感情關係。

實現內心未完成的哀傷

一開始，雷夫或克勞蒂亞都不知道自己到底是為什麼所困。但是一旦他們發現問題的癥結可能是未完成的哀傷時，便有了開始面對內心那股失落的機會，任由自己受哀傷的影響，並逐漸去面對生活中所發生的種種——那正是唯一擺脫困境之路。

他們兩人與我一起研究了好幾個月，告訴我有關他們父母的事情，與我分享他們的家庭相片，期間有時哭泣，有時歡笑。雷夫開始花更多的時間與孩子們相處，雖然孩子們都已經是小大人了，但也都熱切歡迎父親進入他們的生活中。克勞蒂亞則開始把自己和雷德的感情，與她和父母親的感情分開來。她的感情變得更認真，雷德也沒有離她而去。

逃避，是因為難以面對失落

有些人想要從哀傷的騷亂中溜走，因為他們害怕一旦踏上哀傷之路，便無法存活——那種情況將會是完全投入並且永無盡頭。或許我們是怕一旦所愛的人過世了，我們便不再擁有自己的生活，所有的想法和思緒會永遠留在混亂與痛苦中，那將是我們無法克服的，於是就迴避它。

有人則是擔心，一旦真的為逝者哀悼，事後我們便會真正克服哀傷，從此便永遠失去了所愛的人。或許，逃避哀傷也是一種把失落留住的方法。

不可否認的是，在失去所愛後，很少有人能了解感到哀傷其實是好事。

成年孤兒

The Orphaned Adult

對哀傷有所誤解，不必然是因為訊息不足。我是一名心理學者，知道人們哀傷時會面臨的情況，但是當自己的父母過世時，我還是像其他人一樣迷失在應該哀傷或逃避哀傷的衝動之間。

一直到安葬了母親好幾個月後，我才發覺自己所感受及處理的獨特方式，是源自於我對父母親離世的抵抗，於是我才開始去做必須做的事，像是到他們的墓前致敬、為了紀念他們而建了一座花園、把家庭照片掛在牆上、禱告，並且跟遠在他方的家族成員聯絡。

每天都比前一天進步一些

於是我才明白，不管表現的方式是悲哀、淚水、回憶、氣憤或無助，哀傷的強度並不會持續不斷，也不會一直繼續。

有時候，哀傷會蜂擁而來地停留一會兒後再退去。期間我們可能會因為一些事情而分心，比如一通電話、手指被鐵鎚打到，在一個很窄的空間內停車、因為拜訪朋友而暫時得以中斷寂寞。痛苦及害怕的想法，也會短暫地被快樂或有趣的回憶取代。我們會感到舒服一些，並且異想天開地以為哀傷已經過去了，但是卻又在下一次哀傷來襲時感到氣餒。

我們無法以直線前進的方式度過哀傷。一開始，我們會感到不舒服，但是漸漸地，情況會愈來愈好，每天都會比前一天進步一些，接著則是每一週比前一週更好，以此類推。從失落的傷口中復元的過程更是不規則，我們可能會覺得自己好多了，有點不敢相信哭泣的時刻即將結束；但也可能發現，隨之而來的狀況更糟，我們竟然被打趴在地，於是更堅信自己永遠都不可能擦乾眼淚。

但是，一旦哀傷開始運作，我們也會發現自己的感覺不一樣了。哀傷的潮汐變了：速率改變，次數逐漸變少了；強度改變，於是感覺不再強烈；停留的時間也改變了，最後，終於連停留的時間也縮短了。

漸漸地，暴風雨自行消退。哀傷也消退了。我們的航程於是得以繼續，可以更安穩地朝著未知的目標，前進。

記憶會回來

「別擔心。」瑞秋說，「要是你對母親的記憶不見了。過了幾個月後，

它們便會更清晰地回來。」

這是真的。
關於她生命中最後那段痛苦的記憶
消退了。
兩天前我看見她
穿著那件綠白條紋的棉質洋裝，
她在我小時候穿著的，那時是一九四〇年，
她四十歲，
她那烏黑秀髮
是如此閃亮。

今天我戴上她那串珍珠項鍊，
因為我知道讓它們靠在我的肌膚上，
可以重新產生光澤。

——凱倫・伊莎戴特，紐澤西州澤西市

第八章

學會在哀傷之海中泅泳

——健康、休息，與一些小而簡單的技巧

「我該怎麼度過這個時期？」

「快把你剛剛告訴我的事跟他說。」牙醫助理一看到年輕牙醫師進來，便對我這麼說。那個年輕醫師是新來的，因為我多年來都沒在這裡看過他。

他穿著有點皺的白色外衣，頂著有如軍官般修剪整齊的髮型，儼然一名活力十足的專家。他整理了一下袖子，準備開始做檢查。

「快啊！」她催促著我，「快告訴醫生你在寫的書，他真的有需要。他爸爸上個月過世了，他的情況簡直一團糟。」

牙醫一臉茫然地轉過身問：「我爸爸？」

「他正在寫一本有關父母過世的書。」她說。

牙醫坐上我椅子旁的凳子，慢慢降低凳子高度，滑到我可以看得見的地方。

「真的嗎？」他溫柔地問著，而且看起來有點垂頭喪氣。

他接著又說：「或許你可以告訴我，我該怎麼度過這個時期？」

小心翼翼地維持呼吸

對大多數的人而言，這真的是一個很重要的問題。

我們該如何度過緊隨著父母過世而來的這段超現實時刻？在如此混亂的時期，我們該如何航行於所有的混亂、痛苦、悲傷、懊悔，並且讓布滿我們全身、心理及精神上的痛苦得以解放？我們該如何超越那些我們稱為「哀傷」的一切？

身為一個心理學者，當別人因危機形成而感到煩惱時，我是應該與他們談一談。但是躺在牙醫的診療椅上，襯衫上又夾著一張藍色紙巾，我實在沒辦法自在地給予任何建言。

我只能說：「對於剛起步者來說，我會建議你小心翼翼地維持呼吸。」一聽起來有點好笑，其實不然。的確有方法能幫我們度過喪親的害怕與掙扎，讓我們控制自己想要逃避的念頭，接納那種不熟悉的感覺，並找到所需的支持。這些都像呼吸一樣基本。

任其發展

學習哀傷，有點像是在學游泳。還記得小時候看著泳池四周的人，我心想自己有一天也要像他們那麼會游泳，但是當時我甚至不懂如何漂浮。我無法想像把臉放到水面上，躺在那裡而不會沉下去。每次練習，我都只是在那裡踢水，入水後就嗆到，於是便愈來愈害怕游泳。

可是，最後我還是成功了。並不是因為我更努力練習或更賣力踢水，最後當我成功時，竟是我想要放棄嘗試的那一刻！當我們真正學會漂浮時，自然就會漂浮了。

然而，只要我們認為除了漂浮，還有別的動作該做，還有其他注意事項我們不知道，我們就會因為太害怕而無法離開泳池畔。

處於哀傷之中，就像在游泳池裡一樣，順應它的方法就是任其發展。

運用小而簡單的技巧

在處理這種陌生的哀傷經驗時，許多人會錯誤地試著去預想結果，想知道如何度過哀傷，以及需要多久的時間才能度過，就算毫無頭緒，還是照著自己所想的去進行。

我們大都會認為：「我覺得自己現在情況很糟糕，而且我知道明天會變得更壞。」於是我們害怕面對自己：「如果到了下個禮拜我還是感覺很糟怎麼辦？要是下個月還是一樣呢？聽說有個女人從她媽媽過世到現在已經好多年了，都還沒恢復。」接著我們便開始驚恐萬分地任想像發揮，拍振著受傷的翅膀絕望飛起，還以為一切必然如自己的預想一樣糟糕。

一次跨出一小步

哀傷的時候，我們不會去分析自己的情況、所做的計畫或想法，就只是想要快速熬過自己不明白的那一段不愉快，努力地使它盡快過去，並假裝自己已經準備好面對未來了。

這種想法是可以理解的，我們其實就是害怕面對自己。但事實上，即使發揮再多的想像力，在時機還沒到來前，我們是無法預知未來的。

試想著你要吃的食物，如果要把它們一口吞下，根本不可能！試想著你今年要爬的所有樓梯，若要現在一下子全走完，那有多累人啊！想像一下你下週必須完成的所有工作，要是想在晚飯前一次全部做完，簡直沒辦法！

這樣的想像是毫無意義的。食物必須分次吃，一次只能跨出一步，然後再接著下一步，工作也是要我們著手做了才會完成。

哀傷，也是需要隨著時間慢慢度過的。

先度過接下來的幾秒鐘

每當我碰到有人如此害怕面對自己時，我都會建議他們，把自己的想像力設定成與時間有關的目標。舉個例子來說，「從此以後我的有生之年都不再有母親為伴」，這種想法的範圍太大，當然會引起恐慌，就算是「今天不再有母親為伴」都嫌太過。把注意力集中在一段少一點的時間內，並且停止驚慌。你可以想像熬過下一個鐘頭會是什麼情況嗎？如果你還是感到害怕，那麼半個小時如何？十五分鐘？一分鐘？幾秒鐘？無論如何，在面對「未來的日子」之前，你得先學會度過接下來的幾秒鐘。

就在你度過了接下來的幾秒鐘後，只需要再面對接下去的幾秒鐘便是了。就這麼維持小而簡單的方式就對了。

先從一件簡單的工作開始

想要試著去弄清楚如何面對父母過世後的情況，對我們來說是另外一種打擊。我們可能得開始做一些必要的安排，像是：「我必須打電話給葬儀社。」然後我們又會想起：「我要通知律師，接著是牧師，再來還要整理他們的東西、賣他們的房子，接下來的節日我該……接著還有……」於是我們又再度恐懼高飛。

我建議先從一件簡單的工作開始，看我們能不能只專注在那件事情上面。比如說，看你是否可以專注在只打電話給葬儀社。如果這件事還是無法完成，那就挑一件更簡單的。假如只是撥電話號碼如何？你能否只是撥電話號碼，而不要有其他的想法或煩惱介入？要是那樣也嫌太難，只按一個號碼鍵如何？你可以只按一個電話號碼鍵吧？或是只拿起電話？朝電話伸出手？走去電話那裡？

我們想要怎麼安排其實根本不重要，重點是，必須控制自己的想法，才能逐步從這一步移往下一步。唯有縮短注意力並專注於當下這一刻，才能有所突破。如果我們既想著腳步超前，同時還想著下一步與下下一步，反而會裹足不前。

健康非常重要

哀傷的人會精疲力竭。哀傷牽動了情緒，悲痛、憤怒、害怕、自責等等，這些都需要體力。表達感情的方式，無論是哭、憤怒或者悶悶不樂，都會用到體力。壓抑情感好用來隱藏自己則更花體力。對於不同的環境所增加的警戒需要體力。嘗試著想去了解並解決我們不熟悉的問題，尤其是沒有消息來源時也需要體力。

哀傷是一件很吃力的事情。

哀傷需要體力

我們的祖先是靠體力來從事困難工作的，因為他們每天都得賣力張羅三餐，還得躲避掠奪者的侵襲。他們的身體進化成很有效率的狀態，當需要力氣和能量以跑得更快或應付更激烈的打鬥時，便由較複雜的系統（例如消化及免疫系統），立刻迅速轉換所需能量至較單純的組織（比如肌肉和心臟血管系統）。

到了現代，我們既不必覓食，也無須害怕變成別人的晚餐，卻飽受壓力之苦。比如哀傷這種情緒，雖然我們很努力，但因為它是發自內心的，逗留的時間自然遠比幾分鐘的追逐或狩獵更久。雖然追逐及狩獵已不合時宜，但是當我們處境艱難時，體內天生的緊急機制仍然會啟動：我們的身體變得更有效率並轉換所需能量，使得體內最複雜的一種免疫系統受到抑制。

一旦免疫力下降，我們對於傳染病的抵抗力便會降低，同樣地，對於體內的病毒和潛伏的疾病也是如此，這正是為何一個人經過長期壓抑後，會變得容易生病。

一天至少吃一頓健康的餐點

事實上，生病是哀傷最可能造成的影響之一，所以注意維持健康是很重要的，尤其在喪親的第一個月特別要留意，因為這段期間食欲會明顯降低。肚子餓想吃東西時，可能得換成營養的高熱量食品。

我建議，一天至少要吃一頓有益健康的飲食，即使只有喝湯也好，同時每天吃一顆綜合維他命，還要找家庭醫師和牙醫做檢查（嘴巴的化學平衡改變時，也會對牙齒及齒齦造成不利的影響），並且每天還要做一些運動。

有人可能會說：「哦，在那個時候，你還要我確認飲食均衡、吃維他命、看家庭醫師和牙醫，加上做運動？拜託！那時我只能帶著我的洋芋片癱在沙發上，並想著我喜歡看的連續劇現在不知在哪一台上演。」

請牢記指導原則：維持小而簡單的狀況。要是你能在躺上沙發時吞下一顆維他命，那就夠了。如果你能在吃洋芋片的同時咬一根胡蘿蔔，那也不錯。當你覺得喘不過氣來時，不妨去散個步。這些都對你有好處，對於哀傷初期所產生的無助感，可以帶來安慰。

從容、小心而正常的呼吸

接下來則是呼吸。確保從容、小心而正常的呼吸，就是典型的「小而簡單」的例子，因為這樣可以收到既有益又快速的效果。但呼吸不是非常簡單嗎？只要吸氣然後吐氣，如此而已，有什麼大不了的？

要知道，每當我們感到心痛時，呼吸大多會開始變得不規律，但我們自己卻沒有察覺到。有時候我們甚至會屏住呼吸，每次停止十秒或二十秒的呼吸，造成了一種短暫的缺氧狀況，情況有點像窒息。有時候，我們的呼吸又變得急促而短淺，造成過度換氣的情形，這樣會導致輕微的頭痛和神經質。無論是屏息或喘氣，我們的想法在那瞬間會變得憂鬱，於是我們會感到更害怕。

與一個有呼吸困難的患者談話時，我向他推薦一個多年前，我從一名瑜伽老師那裡學來的方法：

雙手置於腹部，手指要正好放在皮帶下方。現在想像著：有一根繩子輕輕貼著你的身體，就在肚臍下面。當你要吸氣時，拉一下繩子未固定的一端；當你要呼氣時就放手。像這樣做幾分鐘的呼吸，當你覺得需要吸氣時就拉一下那根繩子，呼氣時就把它放開。拉，吸。放鬆，呼，進，出，進，出。

接著，試著把繩子鬆開一些，看你是不是可以吸得更深一點。逐漸地，你會感覺到放在下腹部的手指可以隨著你的吸氣、呼氣而移動。在你每次吸氣時，你的手都會移動，因為腹部會因吸氣而鼓脹，便將它們提起。它們也會在你每次呼氣時，因腹部的回復而移動位置。就在你鼓脹和平復時，手指也會隨之上下移動，但是你的胸口並沒有動。感覺一下每次腹部膨脹時，肚子上的皮帶所帶來的壓力；感覺每次你呼氣時，那種下沉的感覺——這是腹式呼吸。這就是如何正確而小心地呼吸，確保你不會過度換氣，也不會窒息。

也許某個下午，當你坐在沙發上看電視時，會記得把手指頭放在腹部，並確認一下自己是否在進行深層而滿足的腹式呼吸。每次你只需要做一件小而簡單的事，就朝著照顧你自己的方向，邁出了一大步。

尋求外在支持

沒有人可以獨自面對哀傷。若一個人幻想自己能獨力通過「父母過世」那片陌生又駭人的區域或其他喪親之痛，那就像是以為自己可以登陸月球而不需懂得操作火箭一樣地不切實際。如同所有通往黑暗的旅程，當我們哀傷時，需要一種安心感、資訊的協助以及支援。我們必須知道自己遇到的一切是可以度過的，我們需要有經驗的人提供幫助，也需要愛我們的人給予支持及眷顧。

當死亡發生時，我們需要別人來提醒自己是屬於人群的。當我們害怕時，需要從其他人那裡借得勇氣，獲得鼓勵。我們需要別人的協助，因為哀傷這個負擔太大了，我們無法獨自度過。

我們需要協助

如果你透露自己的需求，別人將能提供許多協助幫你減輕負擔。

當你要整理父母的衣櫃時，可以打電話請一位朋友過來，和你一起進行這件不愉快的工作。請鄰居幫忙看一下小孩，讓你有一個下午的時間休息。請教會的某個團體協助準備餐點，幫你分擔工作。邀請同事在午餐時與你出外散步，以避開接不完的電話。向已經喪親許久的朋友請教，聽聽他們的意見及心得。

除了請教、請教，還是請教。

請別人幫你做決定。對於父母過世後必須做的一些決定，我們大多完全沒有概念，從買墓地到整理父母的個人資料，又要解決問題、又要做決定，真是太可怕了。我們的判斷力和解決問題的能力會變弱，此時，不妨請朋友幫忙。

幾乎每件事情都會被延置下來。如何處理父母親的遺物，繼承的遺產該如何處理，回到工作崗位時不要表現出急迫的感覺。盡可能地避免做決定。請記住，保持小而簡單的原則。

別立刻急著做決定

有些人可能會堅持要你馬上做出決定。請他們等一等。有些繼承者會在一年或一年以後，等到可以坦然面對事實時再來處理父母的房子，這並不少見。把父母的車子停到別的地方去，一直到能夠冷靜決定如何處理時再開回來。先把所繼承的遺產存到銀行去，因為那裡很安全，等到準備好做其他決定時再說。

僱請值得信賴及公正的第三者協助，像是：審視並簽署法定文件，淨空公寓並找到暫時的儲藏所，開立一個銀行保險庫，通知社區保全和壽險經紀人，支付他們的未付帳款，取消許久前定下的約會，或是終止不再需要的服務等。找家庭律師，假如你不認識任何律師，可以請朋友介紹。打電話給葬儀社，一個經驗豐富的專家，在這個時候往往能幫上很大的忙。總之，不要企圖自己去處理這一切。

別人的判斷及監督也可以是一種很有效的方式，它可以保護當事人免於沉浸在個人的悲劇之中，因為那就像老鼠受誘於溢潑出來的穀粒一樣，難以擺脫。

回應白目哀悼語的兩句話

有時候，可能有人會讓你感到失望，尤其是一些生性熱心的人，他們想幫忙，卻不知道從何幫起，你可能會被他們出於好意的笨拙惹惱。原諒他們，到別處尋求協助吧，讓事情簡單些。

有些人則不曉得如何表達哀悼，他們可能會說：「我知道你現在一定很難過。」也可能會說：「他們年紀大了，而且病了那麼久，這下你可鬆一口氣了。」甚至還有人會說：「哦！我的老天，都已經過了好幾個禮拜了，你怎麼還那麼難過？」語氣之意外，就像是他們不允許你繼續傷心一樣。

我們該如何面對這些尷尬的時刻？我覺得可以用兩句應酬話來回答：「是的，沒錯。謝謝你。」還有：「是的，這是很艱難的。」——饒了我吧！我可沒辦法利用我早已枯竭的心靈來回答每一個問題。而且更重要的是，我還必須忍住不去為一些人缺乏表達同情的技巧而生氣。原諒他們可以讓事情單純些。

加入支持團體

假如你的生活周遭沒有夠善解人意的朋友，或是你不願讓自己的問題造成別人的負擔，可以加入一個支援哀傷或復健的機構，有些是私人性質，有些則由專業人士所組成，兩者皆是由一群熱心關懷、大多也擁有哀痛經歷的成員，來提供協助和相關資訊。有許多機構提供匿名的服務，便於讓哀傷者表達自己的痛苦或不堪，更重要的是也提供了分擔這個重擔的機會。

這些支持團體的廣告大多刊登於報紙、雜誌和網路上。如果無法很快地找到支持團體的資料，可以問醫生、律師、醫院服務處，或是社工人員或葬儀社。

也可以打電話詢問看護機構、心理衛生機構或紅十字會的各地分會，總有人會知道這些機構的地點及聯絡方式。總之，開口去問就對了。

尋求專業協助

正值哀傷時，尋求專業協助也會有幫助。比如宗教、社工、心理醫生、精神科或看護，都能協助我們面對哀傷。跟有專業背景的人聊聊，有助於我們傾吐憂慮，也能讓你在把內心話說出口的同時，假設自己是第三者來思考這番話，感受它。比如有人會說：「我丈夫對這整件事情什麼忙都沒有幫上。」聽著這些話，我們便可以判斷這種說法一點都不正確，也太嚴厲了。

把內心的想法大聲說給別人聽，有助於我們獲得希望，並且評估情況。向朋友或家庭中的其他成員說出「我先生一點忙都沒幫」時，會使得丈夫遭到責難，這樣只會使情況更複雜，對澄清事實毫無助益。

這就是為什麼臨床心理師可以帶來協助，因為他們並不認識這個「丈夫」，對這段婚姻沒有個人的利害關係，而且不會有預設立場。臨床心理師懂得對人們的談話表現出興趣，而且提出的問題往往能有幫助。

成年孤兒

The Orphaned Adult

患者與臨床心理師的關係受到極為明確的界定，並事先經過彼此認可。臨床心理師是問題的傾聽者，而不是要替問題找出答案。他們提供的是當下關注的焦點，而非對不特定的未來提出猜想。臨床心理師可以提供一個安全的談話場所，並且是出於尊重和興趣傾聽。

許多時候，哀傷當事人會覺得自己就快要發瘋了，臨床心理師能夠加以確認或釐清真相。有些哀傷的人的確需要暫時以藥物促進哀傷進程，但是對其他人來說，藥物反而會造成進程延緩。臨床心理師有診斷、測試及標準的分析方法，可以用來區別有危險性的哀傷和急性的哀傷，並提供諮詢。

但是請記得，並非所有專家都一樣。臨床心理師接觸哀傷的經驗愈少，就愈可能被哀傷的情感表現所嚇到。要確保你選擇的輔導員是既有個人經驗，又有切身哀傷背景的人。

你對臨床心理師的第一個問題應該是：

「你有沒有父母過世或其他親人去世的經歷？」

請找一個有相同經歷的人。

所以，請去找一名輔導員，加入一個支持團體，尋求律師或葬儀社的協助，向鄰居及朋友求援。我們可以利用許多方法來度過哀傷。在許多情況下，人們都會很樂意提供支援，並且有許多協助來源不吝於回應你的需求及畏懼。不妨給別人一個機會來幫助你。

擁有屬於自己的紀念物

有位女士告訴我，她依照父母的交代將骨灰撒向大海，但如今她卻希望當時要是能夠保留一些，把它們埋在自己房子的附近該有多好。她說：「我沒有地方去憑弔，每當我想要坐下來靜靜地懷念他們時，卻不知該到哪裡去。」

我也發覺到，有個墓地以及刻有父母姓名的墓碑，讓我有個地方可去，我可以坐下來想著我的父母。許多曾與我談過話的人也都認為，有個確實的代表場所來紀念逝去的親人，使他們感到欣慰。

只要能讓你想起他們

然而，紀念物並不只局限於墳墓而已。有一個人就曾經帶我去他為了紀念雙親所栽種的花園，從冬末到秋末期間，每個週末他都會去那裡做整理。他告訴我，每當他在那裡整理花園時，便有一種再度與他們親近的感覺。

我認識的一名女士則買了一張大沙發，因為那可以讓她想起父親。她會在結束一天勞累的工作之後，坐在沙發上，覺得很滿足。

還有人告訴我，她把父親所畫的大型風景畫掛在家中一個明顯的角落，彷彿那幅畫會保護她一樣。

有一個男子甚至跟我說，他在上班途中，會從父親的零錢包裡取出一張高速公路收費單往窗外丟，這樣可以讓他每次經過同樣的地點時，就想到他父親都是那麼做的。

成年孤兒

The Orphaned Adult

可以帶來安慰的紀念物品

我有一個朋友賴利，他在一次悲慘的空難意外中失去了父親。他無法讓自己恢復平靜，因為屍體始終都沒有找到，沒有東西可以埋葬，自然也就沒有墳墓可以祭拜。雖然在飛機的失事地點附近有個紀念碑，但是對賴利來說那沒有什麼意義。他想要有一個地方，至少在他的內心深處要有個地點，可以讓他在需要的時候懷念父親。為此，他感到很苦惱。

我邀請賴利跟我一起到我們農莊裡的一片紀念樹林。我們夫妻倆把農莊命名為「蜜水」，因為在這塊土地上滿布甜楓樹，蜜水是農夫用來灌溉甜楓樹的汁液。我還記得我告訴賴利說，我喜歡將那些滴落的汁液想像成蜜汁，它們就是那些甜楓樹的眼淚。

賴利走出了樹林，我們坐在一起好幾個小時，看著那些樹。他談到他的父親。他告訴我當他還小時，他們曾經一起去釣魚，父子倆都很喜歡戶外活動。他笑著談到萬聖節時，他們家人彼此惡作劇地玩著，那種情景到現在他都忘不了。他還提到父親在奶奶過世前對她有多好。而當他想起那個接到飛機失事通知的可怕日子時，不禁哭了起來。

我們走過一些小樹苗。賴利選了一株一．五公尺高的健康樹苗，我們把它挖了起來，放入一個小土塚裡，帶到他所選擇的地點，接著我們一起挖了個洞，把球根埋進地底，並用泥土蓋上。

在那裡，我們並肩站了幾分鐘，並向它鞠個躬。賴利告訴我，他很高興有這株為了紀念父親所種的樹，它可以在每年的冬眠及枝條低垂後，甦醒、茁壯。

每個人都可以種一棵樹，也可從某個自己鍾愛的兒童遊樂區撿一塊石頭，或是找一些父母的個人物品放在屋內或院子裡，或者擺在心中，就當作是一種紀念物。以這樣的方式來紀念並非消極，相反地，還可以帶給人安慰。這麼做，可以幫助哀傷的人接受「父母過世了」這個新的複雜事實，還可以治療哀傷之痛，它是對生命的提升與再肯定。

一點一滴地交換回憶

紀念物甚至還可以從故事裡創造出來，也可以從口說的過去中獲得。基本上，哀傷的人似乎會強迫去分享有關於逝者的故事。家庭中的成員和親近的朋友們，通常會在葬禮過後或接下來的幾個月期間，很自然地開始交換一些趣事，以及他們與逝者之間的點點滴滴。這些故事很自然地表達出每個人對逝者的懷念，也等於是給予那些被遺留下來的人一張通行證，一張前往追憶逝者的通行證。

通常並不需花費太多的努力，彼此就可以即興開始交換回憶。舊的剪貼簿和相本裡都是可供分享的故事。找出一些家裡的舊紀念物，更能帶給人們鼓勵。聽聽喜愛的老歌，也可以喚起記憶。坐在一起看著家庭的舊錄影帶，可以讓我們記起父母年輕時的樣子，以及我們自己小時候的模樣。

但是，還是請你保持小而簡單的原則。沒必要用史料的方式來記錄，或是架設一個網站來懷念你的母親。一套有缺角的茶杯，一片從書頁之間掉出來的壓扁樹葉，都足以牽引出懷念的思緒。一個菸斗架、一瓶只剩一半的香水、那個鬆了把手的螺絲起子，它們不只是東西而已，更代表了與過去的連結。

漸漸地，在這些不經意的行為中，透過一點一滴的懷舊情境，你將完成一幅富有紀念價值的珍貴圖象。

種種的趣聞、失望、歡喜或受傷的心情，以及溫馨的感動，那一個個的故事、歡笑與淚水等回憶糾結在一起，織成了一張保留逝者影像的布幔，其間，「紀念」被囊括了進去，而它們則得以永遠地連結在一起。

休息一下

哀傷是很累人的。情緒受折磨，身體疲累，精神過度負荷，在在都令喪親者精疲力竭。

接著，就是哀傷的最佳拍檔——失眠的到來。缺乏睡眠具有累加的效果，喪親者會開始懼怕睡眠時間到來，每個薄暮後的夜晚，他們只是躺在那裡，睜著眼睛，任思緒奔騰。想要入睡或者至少得到一些休息變成了妄想，最後，終將難以繼續對生活產生期望與動力。

喝酒沒有幫助

不管基於什麼理由，想要藉由酒精尋求解脫都是不正確的念頭，因為那不是解決問題的方法。

酒精有鎮靜效果，有時在喝過一、兩杯後，可能暫時會使人鎮靜一些。然而，它也會抑制情緒，更明顯的是還會壓抑我們的心情。

最後一點，早已失去活力而鬱鬱寡歡的喪親者，需要的是低調和平靜的心情，而不是去冒著依賴酒精和生病的危險。

做一些快樂而有趣的事情

找時間讓自己安靜休養一下，找個消遣，幫助自己復元，不要只是睡覺或打瞌睡。身體要有營養才會健康，精神同樣也渴望灌注養分。

休息一下，但還是要記得保持小而簡單的原則。找出可以激勵你並使你復元的方法，然後去實行。

去看一場電影、看看電視或是跟朋友上餐廳吃飯。讀一些喜歡的詩、聽聽音樂，或是到一個風景怡人的地方散步。泡一個溫暖放鬆的澡。開心地去跳個舞、打場保齡球。上上教堂。到鄉下兜個風。吃個冰淇淋。按摩一下或修個指甲，或者兩件事情都做。開車上高速公路，把所有車窗打開，盡可能地放聲唱歌。

任何快樂而有趣的事情，都可以為傷痛的憔悴心靈提供滋養。

每個人都有自己的哀傷方式

也許最重要的休息，就是別認為自己能優雅地度過這段混亂時期。你可能也會跌跌撞撞，但不要想去維持太多的尊嚴。我們每個人都得找到自己表達哀傷的方式，不用顧慮面子。我還沒聽過有人後悔沒為當時哀傷的自己錄影存證呢。在哀傷的時期，有的人不但哭，而且是放聲慟哭。有人則隨時都在生氣，甚至會打人。有些人會穿上奇裝異服，有人則好幾天不洗澡。一般的哀傷表現方式範圍很廣，包括了所有我們不願也不肯想像的種種。

哀傷無法以高超的技巧、藝術性的表現或完美的方式度過，也無法評比。由於沒有結束的時刻，哀傷的人無法勝利地高舉雙手，彷彿奧運選手等著分數揭曉一樣。

哀傷的目標無法預期，也不能完美。目的，只是要度過它而已。

禱告

每當有人想要尋求度過這種巨大悲傷的方法時，我通常都會建議禱告。要是他們問我要如何禱告，我則回答：「你想怎麼禱告都行。」

如果他們說他們不信神，我會告訴他們，這只是因為禱告有幫助，並不需要真的去信仰宗教。要是他們說不知道該如何禱告，我則會這麼回答：「那麼你可以先為此禱告。」

你想怎麼禱告都行

每個人禱告的方式各有不同。有人跪在教堂的座席上禱告，有人則只是在飯前及睡前稍做禱告。我就認識有人雙手合十並虔誠祈願，有的人則尋求他們自己以及他們所愛的人獲得安寧。禱告的場所有大教堂、教會等等，也有人在佛教的聖廟或朋友們的聚會場所進行禱告。就我所知，還有人跋山涉水，沉浸於大自然的莊嚴中。

有些人則從來都不曾進入任何宗教建築，像是教會、清真寺、猶太會堂或聚會所等。他們宣稱自己跟任何宗教都沒關係，也不信仰。但是他們卻為不公平的人生際遇憤怒地大聲哭泣，我不禁懷疑他們是在向誰哭訴。

意想不到的效果

我並不鼓勵人們為了轉換到某一個特定的信仰而祈禱，或者是為了信仰而禱告。對於宇宙奧祕和人生真諦的認知、善惡之間的角力，因人而異。它們不關我的事，真的。若有人想要向我尋求這方面的指引，我會建議他們去找專家，例如牧師。

之所以會鼓勵人們禱告，無論是自行禱告或是加入禱告團體，理由只有一個

成年孤兒

The Orphaned Adult

——因為我看到了它的功效。禱告可以幫助我們更快復元，並且能更充實地過日子。

我並不把禱告歸類於「丟開枴杖，首度自行走路，讚美主耶穌」般的傳統信仰療法，儘管那對虔誠的人可能真有幫助，但我指的不是這個。

我指的是多年來我觀察到來找我幫忙的人之中，有禱告的人，生活似乎都朝著令人滿意的方向前進，人生也比沒有進行禱告的人更完整地重新展開——不管他們的宗教信仰或害怕的是什麼，也無論他們信奉的教義是哪一種。

之所以會鼓勵人們進行禱告，是因為我發現了禱告與復元之間的一種直接關係。

我無法說明為何會有這種現象發生，就像我也從沒想過一架電視機能發揮的功用，我只知道該按哪一個鍵打開它而已。我不明白為何會開花、會結果，我只顧除草、施肥和澆水，花草自行解決了其他的問題。

我並不明白為何及如何禱告會有幫助，我只是看到了它的效果而已。

所以，我鼓勵人們禱告。

為人代禱也有用

但是有些人告訴我，他們就是無法這麼做。他們說禱告太困難、令人太難為情，甚至讓人厭惡。他們說自己太生氣，並且充滿懷疑。我告訴他們：「在那種情況下，可以請你的朋友或家人在禱告時，把你放進他們的禱告中，由他們代你禱告。」

之所以這麼回答，是因為我看到了「代禱」（代替他人禱告）也可以達到同樣的效果。

科學研究也證實了這個說法，其中，最著名的可說是由加州大學舊金山分校的心臟學家藍道夫．拜爾德發表的研究。拜爾德博士安排四百名患者隨意分成兩組。所有病患都接受了正常的醫療照護，唯一的差別就是，要求其中一組的成員，為該組成員們的復元進行禱告。拜爾德博士是唯一與這些病患接觸的人，雖然他知道有這麼一個計畫在進行，但是他不曉得哪個人被分到了哪一組。

這兩組成員的測試結果有明顯差異：進行禱告的那組，據說比較不需使用到抗生素，較沒有後續的充血性心臟衰竭現象，罹患肺炎的比例也比較低。

心存信念

想要安然度過痛苦又需索無度的哀傷時期，我們需要的是相信重生，以及接納人生是可以預期的，我們要有信心地認為「這份哀傷終究會過去」。

但是一開始，我們不會這麼認為。哀傷的感覺有如永無止境一般，想要全身而退似乎是不可能的事，更不要說完全痊癒了。

情況總會改變的

「我真的很擔心從此都將沉湎在這種感覺中。」有人這麼對我說過，「我從來都不曾感到這麼難過，甚至沒想到自己會有這麼難過的感覺。」

對於未來的預想，絕不能存有這種恐懼感。而你唯一能做的預期，就是：情況總會改變的。

真正讓我們感到害怕的，是認知到某個我們所愛的人過世了。那麼，為何不以相同的認知告訴自己，那種失去的痛苦終究也會過去？

陽光會再度燦爛

哀傷的我們，會發現就連要度過人生中最平常的時刻，都需要很大的信心。你會疑惑，要怎樣才能在太陽下山、天色變暗的夜晚時分，不再感到驚慌失措？但你忘了我們平時不會想：「糟了！陽光不見了，緊接而來的可能是全面黑暗！」相反地，我們相信太陽明天還是會升起，而那時陽光也會再度燦爛。

同樣地，我們不會因為冬天時樹木凋萎，夜晚的時刻變長，以及天氣變冷而害怕得崩潰；我們也不會認為：「糟了！生命已到了盡頭！」因為我們相信春天會在幾個月之後來臨，屆時大地又會恢復活力。

當我們身陷黑暗時，不會感到害怕，因為我們知道太陽與四季的運轉週期。但是我們並不了解哀傷的節奏，所以很難相信它會過去。

注意小而簡單的暗示

有人向我要求說：「我需要一點暗示。」

幸運的是，自哀傷中復元，確實提供了一個暗示。我告訴她：

成年孤兒

The Orphaned Adult

「某天早晨當你醒來後大約過了一分鐘左右，你突然會感到很難過，但是接著你會了解，在你感到難過之前，已經清醒了一分鐘左右。」

這就是一個暗示，因為這是頭一遭，不是一醒來就被哀傷的沉重包圍所釘牢。過了一分鐘左右，我們才記起了自己的不幸。

對我們大多數人而言，知道哀傷總會有個結束的時刻，就是自由的第一道曙光。

總有一天，當我們一覺醒來後，便會感到一切又恢復正常。我們會開始想一些人們醒來後會想到的事情：背痛啦、時刻表啦，或是收音機的某個節目。我們醒過來後，會很意外地發現自己已經不再哀傷。這就是哀傷衰退的前兆，也是重新振作的時刻。它保證了我們可以撐過來，也代表了「哀傷總會過去的」。

到了那時，我們便明白該是恢復信心的時候了。

就拿我自己來說，回想起我第一次真正在水中漂浮，並相信自己可以做得到，就是因為我已經不再試著想要漂浮。那也是我第一次安心地放手離開泳池畔。

而在那個早晨到來之前，需要保持小而簡單的原則。

假如你需要與一些大而無法理解的事情苦鬥時，就想想太陽、月亮，以及每

第八章

學會在哀傷之海中泅泳

健康、休息，與一些小而簡單的技巧

夜來到又離去的數百萬顆星星們，下一個夜晚，它們依然會出現。它們就好像我們在呼氣與吸氣之間，腹部上升及下降的熟悉節拍，也如同確實且可信賴的迷思一樣的祕密而不可知。

它們既傷人，但是也治癒了我們那顆易碎又可再生的心。

橢圓形相框

我媽媽站在一個橢圓形相框裡，
從頭到腳，全身都在相框中。
她的一隻手放在腰部的地方，
另一隻手則放在背後，
就像個模特兒擺出姿勢，
站在我們委內瑞拉住家附近的油屋旁。
她手上的青筋像我一樣明顯。
那時的她，只比我現在大兩歲。
她過世那年，我在自己的臉上看到她那方形的下巴，
如今，我遮住她上半部的臉，認出那個笑容和牙齒，
就跟我的一樣，還有在太陽底下瞇著眼睛，
那瘦削的手臂，那個小小的胸部，那個寬大的臀部。
三年前，在她的葬禮上，有個人說：
「你好像你媽媽。」
我回以禮貌的微笑。
如今每過一年，就把我帶得離她更遠，

把我帶得更靠近她的臉，她的笑，
這個我與她愈來愈像並即將成為的人。
——潘蜜拉．波特伍德，亞利桑那州圖森市

第九章

失去父母的這堂課

——以愛與勇氣，跟失落的自己和好

這是一門生命必修課

生命給了我們每個人持續學習的機會，但是這門知識是要付出代價的。通常愈有意義的學習，所要付出的代價也愈高。

父母親的死是門必修課。每個人都需註冊入學——以哀傷來繳學費，而幾乎也是人人都能夠從中學到某些意義。不過，還是有例外的情形，有時父母親的死不具情感上的意義，也很少有實例可參考，因此，子女可以從中學到的也就有限。

根據明尼蘇達大學的一份研究，當下列情況發生時，父母過世便不再是一件難以橫越的巨痛，例如：死亡早已在預期中，而且爸媽年事相當高，住在療養院裡，無法再履行任何身為父母的義務，感覺上早已經遠離了家人。從這個角度來看，子女可說終於解脫了。因為父母長期衰弱又花費高昂，對子女而言，從這個看不到結局的惡夢中解放，意義遠大於失去一位重要的親人。這種關於失去、哀傷的經驗及例子屢見不鮮。

另外，也有可能因為父母親的死對活著的子女打擊太大，使他們無法從中獲得任何領悟，反而從生活中退縮，世界縮小了，精神也乾涸。在二次大戰大屠殺事件中失去親人的一些人，便有如此的反應。

然而，不管父母的年齡和健康狀況如何，他們在什麼地方以及如何過日子，他們的信仰、種族與對死亡的態度，親子之間的相處情形為何，或是他們死亡的方式等，父母過世都是一個起點，由此，我們將展開一段獨特的旅程，它可以給予我們幫助。

那麼，我們能從中學到什麼呢？

成年孤兒

The Orphaned Adult

必修學分之一：重獲勇氣

小時候持續最久也最令人傷心的恐懼之一，便是父母可能會死亡，留下我們無依無靠，這也是孩子們害怕上床睡覺的原因之一。

每晚睡前的道別儀式便是用來安撫孩子的，默默地衷心向孩子保證，第二天早上爸爸媽媽仍然會在他們身邊。上床前的一片餅乾和一口果汁、一起讀故事書、禱告，或是互道「我愛你」，孩子睡前的這些例行儀式，有助於撫平他們內心最原始的恐懼。

但是那麼做，我們仍然無法讓害怕的感覺消失。

沒有辦法可以讓它消失。

我們害怕自己孤苦無依

那種害怕被遺棄的感覺，尤其是經歷過父母死亡的被遺棄感，是我們這一生中憂慮的根源。成年後，我們關於成長的憂心取代了父母可能會死去的恐懼，對於父母即將面臨的大限之期也感到麻木。

這跟我們的年紀、成就、與父母的關係、經歷過多少痛苦經驗都無關，和信仰是否堅定也沒關係。父母離世的恐懼隱約地持續浮現著，而且會隨著他們年紀的增加及體力的衰退，更形嚴重。

我們害怕觸及別人的喪親之痛

對於有人離世的恐懼以及我們的文化傾向，使我們逃避與死亡有關的接觸，這也就是為何面對哀傷的人，我們會感到不自在。

當然，我們會說一些應該說的話：「我很難過」或是「我的禱告與你同在」，也知道去做一些該做的事，譬如為了紀念逝者而捐錢給慈善機構、送花到教堂，或是參加葬禮並擁抱哀傷的人。但是大部分的人與喪親子女在一起時，都會感到不自在。我們會有所保留，會後退一點，刻意與遺族的哀傷保持一段距離，因為我們明白，那是他們的失去。我們的角色只是去那裡陪伴而已。

我個人對死亡的入門，是升大二的暑假時，得知朋友麥斯死於墨西哥的旅途中。我對這個聰明、有趣又強壯的年輕男孩有著許多的記憶，也很懷念他。

就在同時，我還得知大一的某些同學不再回學校上課，有人轉學，有人輟學去上軍校，還有一個人決定留在歐洲「尋找自我」。

我寫了一篇悼詞給麥斯的家人，並向他的前任室友表示弔慰。當時我有些不解，放暑假前，麥斯還是生龍活虎的，結果竟然在短短幾個月內生病走了！

但我為失去朋友的這個衝擊找到了合理解釋。對於麥斯的早逝，我給了一個與其他不再回學校的同學一樣的說法——我只是不會再看到他而已。他的死只屬於他的父母和其他家人，不屬於我。我與這個事件保持了一段距離。

我們害怕承認自己的喪親之痛

每一個死亡事件，對我脆弱而單純的安全感都造成了極大的影響。某個認識的人過世時，我會去參加葬禮，向他的家人真誠表達哀悼之意，甚至鼓起勇氣在家族儀式中打開棺材時，跟著去瞻仰逝者的遺容。但是之後我卻感到很不安，並且對這種事敬而遠之。我把那種迷惑、恐懼，尤其是小時候對於失去父母的恐懼減到最小，同時告訴自己那不是屬於我的失去。

我自願到那個地方去（那個不屬於我的地方），為了那些人而去（那些我不屬於的人），我覺得自己這麼做很善解人意。

即使當父親過世時，我也能夠藉著轉移注意力到母親身上，來淡化那種感覺，雖然她那時早已陷入失智的狀態，也不知道父親已過世的事。當然，我對父親之死感到憤怒及迷惑，也知道我的生活從此就要改變了——但死去的他是我母親的丈夫，是她以後會被稱為「寡婦」，而不是我。

對失去父親或母親的成年人，我們沒有特殊的稱呼，因為他們依然是某個人的孩子。

當恐懼成真，我們再也無法逃避

但是就在母親也去世時，生平第一次，我找不到任何方式來逃避失落的強烈衝擊！我的姊姊再度喪親，她值得關心。我的孩子失去了祖母，他們需要關心。親戚們失去了同輩中的一員，那也應該關心。但是，我就是無法認為這是他們的經歷。

在我心中，我母親的死是屬於我一個人的經歷。我已經變成了沒有爸爸，也沒有媽媽的小孩，只有一種方法可以用來形容——我是個孤兒。我已經完全被長久以來的噩夢所壓倒，哀傷的情緒吞沒了我。

成年孤兒

The Orphaned Adult

接下來那幾年，我就像是乘著情緒的雲霄飛車，跳飛在困惑、失落、憤怒、悲哀、安慰與麻木的感覺中，有時只來一個，有時則全部一擁而上。我的心情轉換於極為傷心及思念之間，沒有任何可以辨識的徵兆。我會為一些從前不曾注意到的小事而大發雷霆，然後怎麼也想不起來是為了什麼事情生氣。就這樣，我沮喪了好一陣子。

接下來還是害怕，就像幾年前一樣，我害怕入睡，以免醒來後發現父母都已經不在了。然而，這不僅是小時候的莫名害怕而已，它真的發生了！每天早上當我醒來後，依然不見他們的蹤影。

父母之死，並非我們必須承受的最大痛苦。事實上，失去子女、手足或配偶，對我們的情感所造成的破壞更大。

父母之死，也不全然是我們失去所愛的第一次經歷，在父母過世前，我們也可能會失去祖父母、親戚朋友，甚至是子女、兄弟姊妹或配偶等。我想應該是因為那個最原始的恐懼成真，使我們覺得父母離世意義深遠，但終究，我們會發現父母的死所帶來的悲傷是可以化解的，於是也漸漸克服了喪親的失落。

失去之後，勇氣滋長

等到我們恢復後（當時認為很難恢復，但我們還是熬了過來），我們的生命以及對死亡的反應也就跟著改變。我們克服了小時候那種對於被拋棄的強烈恐懼。不是因為不再害怕死亡，也不是因為不再畏懼被拋棄，而是因為我們學到了這一課：我們可以經由哀傷及自我茁壯，來超越那個罪大惡極的失去，甚至能超越我們最害怕的那種失去。

從此，當再有某個相識的人去世，我們會更自在地與他的遺族坐在一起，我們想要這麼做。我們的談話內容可能跟以前一樣，做的事或許與過去相同，也或許仍然跟從前一樣害怕，但是情況已經不一樣了，因為我們變了。我們超越了，所以我們有了參與的想法。

過去我們出現，可能因為那是應該做的事，而且我們也希望自己的出現會有所幫助。現在的我們，則會分享面對死亡時的哀傷、悲哀和困惑等共同經驗，因為我們是其中的一分子。

我們願意去原本不敢去的地方，並且在那裡找到自己所需的勇氣。有了勇氣，對於工作、人際關係及生命中其他的各個層面都將有所幫助，可以讓我們

成年孤兒

The Orphaned Adult

在面對人生時做出艱難的決定，並且坦然面對那個決定所產生的結果。

我們需要勇氣，大量的勇氣。父母親過世後，我們航向了未經規劃的人生旅途，在古地圖上，那是龍、蛇圍成的邊界外的區域，用以警示始終潛伏在我們四周，那些令人害怕的危險。

必修學分之二：全新的生命軌跡

大部分的人都無法真正了解自己的父母。他們只是媽媽和爸爸，而我們總是「小孩子」。兩代之間有道藩籬，至少有著年齡上的距離。

爸媽在我們出生時是幾歲，就一直與我們保持著那樣的年齡差距。不管他們是二十、三十、四十或甚至是五十歲時生下我們，在他們的生命中始終有其獨特之處，是我們到了那個年紀時也無法達到的。

父母的生命地圖

當我們還小時，爸爸和媽媽便已是成年人，並且為人父母了，我們只能透過舊照片和陳年往事獲知他們的年輕故事。當我們年紀輕輕開始工作，準備擔起成人的角色時，爸媽已到中年，事業有成，有的甚至已開始計畫退休。

等到我們自己成為別人的父母時，他們則成了祖父母——那是我們所不了解的另一個角色。我們可能會開始懂得一些爸媽初當父母時所遇到的負擔和壓力，但是，我們仍然無法完全了解當時他們所面臨的種種。

當他們的父母過世時，我們失去的是祖父母，而我們的父母仍然在世，所以我們無法體會他們已經變成了孤兒。他們退休時，我們正值職場的精華歲月，世界開始擴展，人際關係也逐漸建立，而爸媽開始要面對的是日漸衰退的健康、朋友的逝去，以及逐漸縮小的世界。

就在發覺父母即將面臨死亡時，我們也要學習去面對自己內心哀傷的本質。等他們走了之後，我們便開始迎頭趕上，每過一年，我們都愈來愈接近他們去世時的年紀。我們開始面對一些曾看過他們經歷的事件，但是缺少了經驗分享的基礎，也無法理解當時他們的心情。然後漸漸地，我們累積了足夠的人生經驗，得以用一種更有意義的方式來思考他們的人格特質。

我有一張要去上大學時與父母的合照。那時我很興奮，又有點掛念，還完全未察覺到他們所可能面臨的種種。幾年後，等到我最小的孩子要上大學時，從當時的那張照片，我看到了我自己的表情，也想起了自己當時的複雜心情。

現在每當我看著那張照片時，注意力總是停在母親臉上——她那不尋常的笑容，與憂愁的雙眼。我只能靠想像去猜測那天她是怎麼了。她是不是在擔心我離家那麼遠會怎麼樣？她是不是在擔心沒有小孩在家會很寂寞？或是她正高興著家裡的搗蛋鬼終於離開了？還是，她想起了自己還很年輕便離家的情形？

我不知道原因，但是現在我忍不住去揣想種種可能。

故事仍在繼續

父母過世後，他們與我們在一起的時光便靜止了，然而，他們的生命卻是完整的，有了開始、中段及結束。他們的故事已完成，等著我們去讀。我們可以回顧父母的生命，並且開始以無數個與我們有關的方式加以聯想。生活繼續進行——我們持續前行，邁入中年，我們檢視自己在事業及人際關係上的成果和績效，我們可能想要退休，我們可能成為別人的祖父母，而我們的健康與朋友們的健康，也可能開始走下坡。

從我們身上可能湧現出父母親的許多特質，也許是我們的怪癖或態度，看起來就好像是從鏡子反射出來一樣。

這並不是說，我們一定會變成跟他們一樣。隨著時間過去，我們的行為可能會變得更像他們，但也可能更不像。我們可能會更認同他們的行為，但也可能不會。我們可能更了解他們的人生，但也可能感到更困惑。然而比較下來，我們會開始對自己的行為、態度以及人生，都更加了解，更願意去接受。

給自己一個新的定位

許多曾遭父母無情對待的人告訴我：在父母過世後，他們更是無法理解，為何父母會如此對待他們。有一名女士跟我說：「我一直以為他們是因為年紀大了，所以對事情的看法與我不同，但是，現在我也到了他們那個年紀，我實在不明白他們為什麼那麼刻薄。我的生活在許多方面來說，都比他們當時的情況更艱苦，現在我的小孩也跟我當時一樣的年齡，但我從來都不曾拿當年他們對我的那種刻薄話語，來用在我兒子身上。」

不過，也有人告訴我：「以前我始終認為當我們年紀還小時，父親對我們管得太嚴格了，但是現在我才看出他那些管教的意義。」

也因為有了這些比較，我們逐漸能自我定位，從無數的對比和相似中，開始超越原先的個人地圖邊界，勾勒出願景。藉此，我們找到了自我，並開始在自己的人生道路上找出方向。

沒有人記得自己是如何展開這趟旅程的，也沒有人曉得自己的故事會在何時開始，以及如何發展。但是我們知道我們有父母，我們的旅程開展了，並且會與他們的地圖重疊。就在他們過世後，藉由研究他們所留下的生命地圖，我們可以發現自己生命地圖中的其他部分。我們研究他們走過的道路及捷徑，選擇應該跟隨及應該避開的路。

或許父母過世這件事所教給我們的，就是去研究他們的生命地圖：他們如何繪製，如何詮釋，如何知道自己曾經走過的路、自己身在何處，以及，自己將要前往何處。

必修學分之三：建構家族記憶

父母仍在世時，一切都如此真實，歲月直直往前，從過去、現在到未來，而我們的人生就如同在火車上的時刻，那時所經歷的就是現實。我們透過這份現實觀看車窗外的世界，可能看到池塘、一座橋、高架鐵路、一片麥田或一個城鎮，一切都歷歷在目，而當火車向前駛去，那些景象就成了回憶。

上小學，學習規矩，做功課，這就是我們的世界。小學畢業後，我們接著前往下一個階段，而小學就變成了過去的部分，一個回憶。火車又繼續前進。

我們知道有人在我們之前進入小學，但那是過去，不是我們的現在。我們明白有人會在我們離開之後進入小學，但那是未來，對我們來說不具任何意義。最真實的是此時此刻。

一路向前的世代車廂

火車上，每一個世代都有一節車廂——兄弟、表兄弟及朋友們，都與我們在同一節車廂中；父母、阿姨和叔叔伯伯們則在我們前面的車廂；或許更前面有一節祖父母的車廂；最後也許還有一節小孩車廂，就在我們後面。我們全部的人都排在一條直線上。

父母親的車廂裡進行的事屬於中年人的，在祖父母車廂中進行的則屬於老年人，都不屬於我們。他們擁有自己的車廂、自己的問題，以及自己的故事。年

成年孤兒

The Orphaned Adult

長的人總是年長，中年者始終中年，而我們也永遠年輕。

我們的視線被前方父母的車廂擋住了，只能從兩側瞥見窗外的景色，透過窗戶，現實成為過去，如同一張照片——呈現永無止境的視野，但是很安全。

接著我們的父母過世了，在前面的車廂不見了，於是我們頭一次看到前面的景物。人生、現實，還有時間，在明亮的光線下，呈現出截然不同的全新景致。一開始我們所能做的，是不將目光自刺眼又不熟悉的強光中移開。我們所看到的景色包含了未來，卻不是永無止境。

我們看到了，並且明白了——真正的明白，不只是用心，也用我們的皮膚、細胞，以及靈魂——我們正在領先的車廂中。

我們是下一個即將逝去的人。

回憶中，包含了我們的根

缺少了父母永久存在的這個保護假象，未來變得迫在眼前。於是我們會開始依戀過去，來尋求支援，因為它充滿了珍貴的回憶，回憶中包含了我們的根，而且我們發現，就是那些根支持著我們。從前存在於過去，現在和未來之間的區別則開始模糊了起來。

我們會開始述說小時候的故事，向未來介紹過去，把父母說過的那些他們小時候的故事，說給自己的子女聽。

我們會擺上祖先的照片，向現在介紹過去，以前我們總認為祖先指的是父親或母親的家人，然而，現在指的已經是「我們的」家人。

我們可能會因為規劃遺產、立遺囑、做財產規劃、買更多人壽保險，而把未來和現在混雜在一起，也可能把休假以及其他一直想要做的事，延遲到將來再去實行。

我們會開始明白，未來、過去和現在，其實都一樣。

那個現實，不再是窗外從過去、現在到未來依序出現的景象，而我們也不只是坐在火車上的乘客而已。那個現實的部分，比這些更複雜、更豐富，這正是父母過世之後，我們所能學到的最珍貴的一堂課。

眺望生命的遠景

大約在母親過世的一年前，我發現一張她和姊妹們小時候在莫斯科的一間芭

成年孤兒

The Orphaned Adult

蕾教室拍的照片。我覺得那張可愛的照片有著母親的過去，便把它加框掛在家裡。在那個時候它對我而言，就只是一張母親以前的可愛照片。

她過世以後，我再次看到那張照片，感受竟然完全不同：我，已經比照片中的那個女孩年長了，看著那張微笑的年輕面孔，我看到的是我的母親——以及我的女兒。當我想念母親時，總會想起這個迷人的女孩。我為母親在人生最後那幾年的年邁無助而感到悲傷。我心痛，自知在她死後，我將為她的永久缺席而心痛。過去、現在和未來，如今都一樣了，它們同時出現，都是我所處的「現實」的一部分。

那份現實無所不在。我既是舊家庭照片裡的小嬰兒、記憶中的小男孩，也是如今的中年人，以及某天即將變成的衰弱老人。我曾抱在手裡的孩子們，也成為我孫子們的父母。曾祖父的照片掛在我們家裡，從相框中看著我們，他的眼睛偶爾會與我的目光接觸。我沒見過他，也見不到我的曾孫，但是我已經以某種方式認識了他們，就某種意義上來說，我就是他們。

透過這樣的觀點，我們可以更廣泛地定義自己，並得以更完全融入生活。老年人的顧慮就是我們的顧慮，因為那將是我們即將面臨的問題。而年輕人所關心的也是我們的關心，因為我們與年輕有著永遠的牽連。於是我們發覺，人生之複雜與出乎意料，遠遠超出我們在火車上所看到的景象，無論過去、現在或未來。

來自過去，一路駛向未來

事實上，我們不只是車上看著疾駛而過景物的乘客而已，完全不是。我們是引擎，是最後一節的車務員專用車廂，也是每一節車廂，隨著軌道的延展咔嚓作響，閃耀在陽光下，一路駛向地平線那端。

我們是路徑，是沿著曲折道路而鋪設的石頭，是沿著邊緣所長出的細弱雜草，是有著起伏山丘之處。我們也是那片高高在上，無邊無際的蔚藍天空。

國家圖書館預行編目資料

成年孤兒／亞歷山大．李維（Alexander Levy）著；洪明月譯. ——初版. ——臺北市：寶瓶文化, 2016. 02
面；公分. ——（Restart；008）
譯自：The orphaned adult
ISBN 978-986-406-044-3（平裝）
1. 失落 2. 家庭心理學

176.5 105001594

Restart 008

成年孤兒

作者／亞歷山大．李維（Alexander Levy） 譯者／洪明月
外文主編／簡伊玲

發行人／張寶琴
社長兼總編輯／朱亞君
副總編輯／張純玲
資深編輯／丁慧瑋 編輯／林婕伃
美術主編／林慧雯
校對／丁慧瑋・陳佩伶・劉素芬
營銷部主任／林歆婕 業務專員／林裕翔 企劃專員／李祉萱
財務主任／歐素琪
出版者／寶瓶文化事業股份有限公司
地址／台北市110信義區基隆路一段180號8樓
電話／(02)27494988 傳真／(02)27495072
郵政劃撥／19446403 寶瓶文化事業股份有限公司
印刷廠／世和印製企業有限公司
總經銷／大和書報圖書股份有限公司 電話／(02)89902588
地址／新北市五股工業區五工五路2號 傳真／(02)22997900
E-mail／aquarius@udngroup.com
版權所有．翻印必究
法律顧問／理律法律事務所陳長文律師、蔣大中律師
如有破損或裝訂錯誤，請寄回本公司更換
著作完成日期／一九九九年
初版一刷日期／二〇一六年二月十八日
初版五刷+日期／二〇二一年十月十八日
ISBN／978-986-406-044-3
定價／三一〇元
THE ORPHANED ADULT by Alexander Levy
Copyright © 1999 by Alexander Levy
Complex Chinese translation copyright © 2016 by Aquarius Publishing Co., Ltd.
Published by arrangement with Da Capo Press, a member of Perseus Books LLC
through Bardon-Chinese Media Agency. 博達著作權代理有限公司
本書譯文由書泉出版社授權寶瓶文化事業股份有限公司，在台灣地區出版發行繁體中文版本。
All rights reserved.
Printed in Taiwan.

AQUARIUS 寶瓶 文化事業

愛書人卡

感謝您熱心的為我們填寫，
對您的意見，我們會認真的加以參考，
希望寶瓶文化推出的每一本書，都能得到您的肯定與永遠的支持。

系列：Restart 008　**書名：成年孤兒**

1. 姓名：＿＿＿＿＿＿＿＿　性別：□男　□女

2. 生日：＿＿年＿＿月＿＿日

3. 教育程度：□大學以上　□大學　□專科　□高中、高職　□高中職以下

4. 職業：＿＿＿＿＿＿＿

5. 聯絡地址：＿＿＿＿＿＿＿＿＿＿＿＿＿＿＿＿＿＿＿＿＿＿

   聯絡電話：＿＿＿＿＿＿＿＿　手機：＿＿＿＿＿＿＿＿

6. E-mail信箱：＿＿＿＿＿＿＿＿＿＿＿＿＿＿＿＿

   □同意　□不同意　免費獲得寶瓶文化叢書訊息

7. 購買日期：＿＿ 年 ＿＿ 月 ＿＿日

8. 您得知本書的管道：□報紙／雜誌　□電視／電台　□親友介紹　□逛書店　□網路

   □傳單／海報　□廣告　□其他

9. 您在哪裡買到本書：□書店，店名＿＿＿＿＿　□劃撥　□現場活動　□贈書

   □網路購書，網站名稱：＿＿＿＿＿＿　□其他＿＿＿＿＿

10. 對本書的建議：（請填代號　1. 滿意　2. 尚可　3. 再改進，請提供意見）

    內容：＿＿＿＿＿＿＿＿＿＿＿＿

    封面：＿＿＿＿＿＿＿＿＿＿＿＿

    編排：＿＿＿＿＿＿＿＿＿＿＿＿

    其他：＿＿＿＿＿＿＿＿＿＿＿＿

    綜合意見：＿＿＿＿＿＿＿＿＿＿＿＿＿＿＿＿＿＿＿＿＿＿＿＿＿＿＿

11. 希望我們未來出版哪一類的書籍：＿＿＿＿＿＿＿＿＿＿＿＿＿＿＿＿

讓文字與書寫的聲音大鳴大放

寶瓶文化事業股份有限公司

（請沿此虛線剪下）

廣告回函
北區郵政管理局登記
證北台字15345號
免貼郵票

寶瓶文化事業股份有限公司 收

110台北市信義區基隆路一段180號8樓

8F,180 KEELUNG RD.,SEC.1,

TAIPEI.(110)TAIWAN R.O.C.

（請沿虛線對折後寄回，或傳真至02-27495072。謝謝）